Brigitte vom Wege / Mechthild Wessel

Mit Frau Sonne durch die Jahreszeiten

Neue Ideen und Aktionen

Die Autorinnen

Mechthild Wessel und Brigitte vom Wege sind Sozialpädagoginnen. Sie unterrichten an der Fachhochschule Südwestfalen in Iserlohn. Beide führen spiel- und theaterpädagogische Fortbildungsveranstaltungen durch. Sie sind Autorinnen zahlreicher Fachpublikationen.

Gedruckt auf umweltfreundlichem, chlorfrei gebleichtem Papier

Illustrationen: Susanne Bochem, Mainz
Lektorat: Cornelia Schönfeld, Freiburg

www.herder.de
Layoutentwurf und Produktion: art und weise, Freiburg
Druck und Bindung: fgb · freiburger graphische betriebe 2006
www.fgb.de
ISBN-13: 978-3-451-29259-0
ISBN-10: 3-451-29259-9

Brigitte vom Wege / Mechthild Wessel

Mit Frau Sonne durch die Jahreszeiten

Neue Ideen und Aktionen

HERDER

FREIBURG · BASEL · WIEN

INHALT

Gerade in der heutigen Zeit, in der immer mehr Traditionen verloren gehen, ist es sehr wichtig, den Jahreskreislauf mit Kindern bewusst zu erleben und eigene Sachinformationen aufzufrischen. Erlebnisorientierte Naturbegegnungen regen den Selbstbildungswillen der Kinder an und bereiten die Grundlage für weiterführende Fragen: Wie war das früher? Warum ist das so? Wie geht es weiter? Antworten auf diese und ähnliche Fragen finden Kinder in Sachbilderbüchern und Erlebnisgeschichten, aber auch in Märchen und Kunstbildern. In Gesprächen wollen sie ihren Eindrücken und Beobachtungen auf den Grund gehen, ihre Neugierde und Wissbegierde befriedigen. Beim Philosophieren und Reflektieren der natürlichen jahrzeitlichen Vorgänge erweitern Kinder ihre Kenntnisse und stärken ihren Bildungswillen. Sprechanlässe bieten sich bei vielen Gelegenheiten in der freien Natur und lassen sich mit altersgemäßen Angeboten herstellen, also in erlebnisorientierter Weise beim Picknicken auf der Waldwiese oder beim Vergleichen unterschiedlicher Gräser. Bekanntlich bleiben Erkenntnisse, die Kinder durch eigenes Erleben bei Exkursionen und Experimenten gewinnen, langfristig haften. Sie bekommen Lust am Lernen und erkennen mit allen Sinnen, wie sich der Jahreskreis stetig wiederholt.
Mit unseren Vorschlägen zum Beobachten und Experimentieren, Spielen und Erzählen, Singen und Bewegen, Malen und Gestalten, Feiern und Beisammensein möchten wir alle einladen, die Jahreszeiten mit Frau Sonne neu zu entdecken.

Brigitte vom Wege *Mechthild Wessel*

Von der Sonne Leben lernen

Ute Latendorf aus: *So ist mein Leben.* Thomas Verlag: Leipzig 2004

Von der Sonne lernen zu wärmen,
von den Wolken lernen, leicht zu schweben,
von dem Wind lernen, Anstöße zu geben,
von den Vögeln lernen, Höhe zu gewinnen,
von den Bäumen lernen, standhaft zu sein.

Von den Blumen das Leuchten lernen,
von den Steinen das Bleiben lernen,
von Büschen im Frühling Erneuerung lernen,
von den Blättern im Herbst das Fallenlassen lernen,
vom Sturm die Leidenschaft lernen.

Vom Regen lernen sich zu verströmen,
von der Erde lernen, mütterlich zu sein,
vom Mond lernen, sich zu verändern,
von den Sternen lernen, einer von vielen zu sein,
von den Jahreszeiten lernen,

dass das Leben immer von neuem beginnt.

JAHRESKREIS

1.1 Sonne – Mond – Sterne

Seit jeher orientiert sich alles Leben auf unserer Erde am stetig wiederkehrenden Zusammenspiel von Sonne, Mond und Erde. Während die Erde sich um die eigene Achse dreht und dabei um die Sonne kreist, erhellt die Sonne die ihr zugewandte Erdhälfte. Die der Sonne abgewandte Erdhälfte bleibt im Dunkeln. Hier sind die Sterne und der Mond zu sehen.
Im Sommerhalbjahr (März bis September) fallen die Sonnenstrahlen merklich steiler auf die Erde als im Winterhalbjahr (Oktober bis Februar). Dann sind die Tage länger als die Nächte und erwärmt sich die Erdoberfläche stärker als im Winter. Im Winter ist die Sonneneinstrahlung geringer, weshalb lichtabhängige Organismen ihr Wachstum verlangsamen.
Den kalendarischen Beginn der Jahreszeiten bestimmen die Tagundnachtgleichen am 21. März (Frühling) und 23. September (Herbst) sowie die Sonnenwenden am 21. Juni (Sommer, längster Tag und kürzeste Nacht) und 21. Dezember (Winter, kürzester Tag und längste Nacht). In vorchristlicher Zeit glaubten die Menschen, dass am Tag der Frühlingstagundnachtgleiche die Welt erschaffen worden sei, und feierten diesen Tag als Neujahrsfest.

Die Sonne

Alles Leben auf unserer Erde ist von der Sonne abhängig. In vielen Kulturen wird die Sonne deshalb als Gottheit verehrt. Neben religiösen und kultischen Ritualen belegen archäologische Funde, dass die Menschen die Sonne seit Jahrtausenden genau beobachten. Wie die Erde dreht sich die Sonne um die eigene Achse. Allerdings braucht sie für eine Umdrehung zirka vier Wochen. Besonders fasziniert verfolgen die Menschen dabei ein seltenes Naturphänomen: die Sonnenfinsternis. Dabei schiebt sich der Mond vor die Sonne, bis er diese für wenige Momente völlig verdeckt. Dann wird es auf der Erde binnen weniger Augenblicke so dunkel, kühl und windig, dass sich die Tiere mitten am Tag schlafen legen.

Der Mond

Der Mond selbst leuchtet nicht. Er wird von der Sonne angestrahlt und reflektiert ihr Licht wie ein riesiger Spiegel auf die Erde. Der Mond umkreist die Erde von Osten nach Westen. Für eine komplette Umlaufbahn benötigt er 29,5 Tage. Je nachdem, in welcher Position sich der Mond bei seiner Umrundung der Erde befindet, sehen wir ihn am Tag oder in der Nacht, sehen wir seine voll beleuchtet Seite (Vollmond) oder nur eine schmale Sichel (Neumond). An den Tagen vor Neumond wäre er auf der Erde eigentlich von morgens bis abends sichtbar, wenn das Tageslicht nicht so hell wäre. Wandert der Vollmond durch den Schatten der Erde, erhält er für kurze Zeit kein Licht von der Sonne. Dann tritt eine Mondfinsternis ein. Eine Mondfinsternis ist an von jedem Ort der nächtlichen Erde zu beobachten und sieht überall gleich aus.

Die Sterne

Einige Sterne sind so angeordnet, dass sie von den Menschen als so genannte Sternbilder, Sternenhaufen und Milchstraßen wahrgenommen werden. In vorchristlicher Zeit sahen die Menschen in diesen Himmelserscheinungen ein Abbild ihrer Götter, Helden und mystischen Gegenstände. Im späten Mittelalter glaubten die Seefahrer am Sternenhimmel vor allem Tiere und alltägliche Gebrauchsgegenstände zu erkennen. Heute erhalten neu entdeckte Sterne die Namen ihrer Entdecker oder Zahlen- und Buchstabenkombinationen. Insgesamt kennen wir 88 Sternbilder. Am gesamten Himmel sind etwa 6.000 Sterne mit bloßem Auge zu erkennen. Es handelt sich hierbei um selbst leuchtende Himmelskörper, die teilweise mehrere zehntausend Jahre alt sind und sich sehr langsam bewegen. Genau wie die Sonne gehen sie im Osten auf und im Westen unter. Da die Erde sich dreht, sehen wir nur jene Sterne, die von unserer Position aus sichtbar sind. Wir sehen also täglich einen anderen Ausschnitt des Weltalls. Am nördlichen Sternenhimmel sind einige Sterne die ganze Nacht über zu sehen. Sie umkreisen den einzigen Stern, der sich niemals von der Stelle bewegt, den Polarstern. Dieser Fixpunkt steht fast genau über dem Nordpol, leuchtet besonders hell und bietet in der Nacht Orientierung. Um ihn herum bewegen sich die drei ebenso leuchtenden Sternbilder Großer Wagen, Kleiner Wagen und Cassiopeia, auch Himmels-W genannt. Ein weiteres Himmelsphänomen ist bei wolkenlosem Nachthimmel um den 10. August (Namenstag des Heiligen Laurentius) zu beobachten, wenn es die so genannten Laurentiustränen regnet. Diese Sternschnuppen kommen aus dem Sternbild des Perseus und werden von Fachleuten als Perseiden bezeichnet. Perseiden sind Überreste eines Kometen, der in unserem Sonnensystem als breite Staubspur sichtbar ist. Wenn die Erde diese Staubspur kreuzt, dringen winzige Staubpartikel in die Erdatmosphäre ein und verglühen. So entstehen die vielen Lichtstreifen, die wir als Sternschnuppenregen (Meteorstrom) wahrnehmen.

Sprechen und Erzählen

Der Mann im Mond

Jan Thorbecke aus „*Wie's auf dem Mond zugeht*" von Mascha Kaléko. 1982.

Der Mann im Mond hängt bunte Träume,
die seine Mondfrau spinnt aus Licht,
allnächtlich in die Abendbäume,
mit einem Lächeln im Gesicht.

Da gibt es gelbe, rote, grüne
und Träume ganz in Himmelblau.
Mit Gold durchwirkte, zarte, kühne,
für Bub und Mädel, Mann und Frau.

Auch Träume, die auf Reisen führen
In Fernen, abenteuerlich.
Da hängen sie an Silberschnüren!
Und einer davon ist für dich.

Spielanregung: Die Kinder erzählen von ihren Träumen und malen diese dann. Die fertigen Bilder werden mit silbernen Bändern an einen Baum gehängt.

Sonnenfingerspiel

Fünf Finger hier, die schlafen fest,
wie Vöglein in ihrem Nest.
Da kam die liebe Sonne vom Himmel herab,
davon ist der Daumen zuerst aufgewacht.
Der reckt sich und streckt sich und ruft dann erfreut:
„Guten Morgen, liebe Sonne, schön ist es heut!"
Er klopfte dem zweiten auf die Schulter ganz sacht,
da ist er aufgewacht.

Der reckt sich und streckt sich und ruft dann erfreut:
„Guten Morgen, liebe Sonne, schön ist es heut!"
Da haben die beiden gescherzt und gelacht,
davon sind die drei anderen auch aufgewacht.
Die recken sich und strecken sich und rufen erfreut:
„Guten Morgen, liebe Sonne, schön ist es heut!"

Spielanregung: Mit einer Hand eine Faust bilden, mit der anderen Hand die Finger spreizen. Nacheinander führen alle Finger die genannten Bewegungen aus.

Singen und Bewegen

Frau Sonne und Herr Mond

Material: 1 Stirnreifen aus weißem Tonpapier, 1 Strahlenkranz aus gelben Tonpapier, 2 Stirnreifen mit Stern
Spieler/innen: ab 10
Spielverlauf: Alle fassen sich bei den Händen und bilden einen Kreis. Herr Mond trägt einen Stirnreif aus weißem Tonpapier. Er geht von Kind zu Kind und fragt nach Frau Sonne. Die hockt mit ihrem Strahlenkranz aus gelbem Tonpapier im Kreis und bewegt sich pantomimisch zu den Antworten der Kinder. Bei der letzten Antwort läuft Frau Sonne aus dem Sternentor, das zwei Kinder mit Stirnreifenstern darstellen. Sie versucht den Mond zu fangen, der wiederum das Sternentor erreichen muss. Wer gewinnt, darf die nächsten vier Spieler bestimmen.

Alle rufen: *„Da kommt Herr Mond, da kommt Herr Mond."*
Herr Mond: *„Klingelingeling! Kommt Frau Sonne aus dem Sternenhaus?"*
1. Kind: *„Nein, sie spricht gerade mit Frau Wolke."*
Herr Mond: *„Klingelingeling!"*
2. Kind: *„Nein, sie putzt gerade den Regenbogen."*
Herr Mond: *„Klingelingeling!"*
3. Kind: *„Nein, sie sucht jetzt ihre Strahlen."*
Herr Mond: *„Klingelingeling!"*
4. Kind: *„Ja, sie kommt und will dich fangen!"*

Lieber Laurentius

Spieler/innen: ab 2
Spielverlauf: Die Spieler fassen sich an, gehen im Kreis und singen. Fällt der Name Laurentius oder von einem Wochentag gehen die Spieler kurz in die Hocke.

Reise zu den Planeten

Material: pro Kind 1 Reifen
Spieler/innen: ab 6
Spielverlauf: Reifen liegen verteilt im Raum, es sind die Raumschiffe. Alle steigen ein und starten. Sie klopfen ihre Reifen auf den Boden. Alle rufen: *„Der Countdown läuft 10, 9, 8, 7 …"* Beim Zählen den Reifen immer höher bist zur Hüfte heben. Bei Null im Raum herumfliegen und den Liedrefrain singen: *„Völlig losgelöst von der Erde, fliegt mein Raumschiff, schwerelos."* Danach Landung auf dem Feuerplaneten. Hier laufen alle nur auf Zehenspitzen, als würde es an den Füßen brennen. Schnell weiter zum Roboterplaneten. Hier bewegen sich alle wie Roboter. Danach Landung auf dem Zeitlupenplaneten, wo sich alle ganz langsam bewegen … Zurück auf der Erde bilden die Reifen einen Kreis, alle ruhen sich sitzend aus und erzählen von ihrem Lieblingsplaneten.

Malen und Gestalten

Milchstraße

Material: Spielplan, Punktewürfel, Spielfiguren (von einem anderen Spiel), dunkelblauer Fotokarton (30 x 45 Zentimeter), gelbes und weißes Tonpapier, Schere, Klebstoff, schwarzer Filzstift, Malstifte, transparente Klebefolie

Spieler/innen: 2 bis 4

Herstellung: Aus dem gelben Tonpapier 1 Mond (8 Zentimeter) und 60 Sterne (2 Zentimeter) ausschneiden. Auf den Mond und 32 Sterne ein lachendes Gesicht malen. Auf 8 Sterne ein trauriges Gesicht malen. Die restlichen Sterne bleiben neutral. Aus dem weißen Tonpapier 1 große Wolke (8 Zentimeter) und 8 kleine Wolken (3 Zentimeter) ausschneiden. Die große Wolke orange anmalen.

In die rechte obere Ecke des blauen Fotokartons die orangefarbene Wolke als Startpunkt kleben. Der Mond kommt als Zielpunkt in die Mitte des Spielplans. Vom Start- bis zum Zielpunkt eine dreiteilige Spirale mit schwarzem Filzstift zeichnen. Dann 20 neutrale, 16 lachende und 8 traurige Sterne auf die Spirallinie kleben. Den Spielplan mit Malstiften wie eine Himmelkarte gestalten. Abschließend den Plan und die restlichen Sterne sorgfältig mit Klebefolie beziehen (Haltbarkeit).

Spielverlauf: Die Spieler müssen durch Würfeln möglichst schnell den Mond erreichen und dabei viele Sterne sammeln. Sie rücken auf der Sternenstraße entsprechend der gewürfelten Punktzahl vor. Es gelten folgende Spielregeln:

- Lachender Stern: Einen Stern auf den Mond legen.
- Trauriger Stern: Einen Stern auf die große Wolke legen.
- Kleine Wolke: Eine Runde aussetzen.

1.2 Kalender

Unser Kalendersystem hat seine Wurzeln im Römischen Reich. Sowohl die Anzahl der Monate als auch deren Länge basiert ebenso auf der römischen Zeitrechnung wie die Bezeichnung der Wochentage. Die Römer benannten die Tage nach der Sonne, dem Mond und den fünf mit bloßem Auge sichtbaren Planeten Jupiter, Saturn, Mars, Venus und Merkur. Im Deutschen wurden Donnerstag und Freitag durch die Namen der germanischen Gottheiten Donar und Freya ersetzt.
Die Berechnung des Kalendersystems erfolgt je nach Perspektive, Weltanschauung und Zweck:

- Ein Mondjahr ist elf Tage kürzer als das Sonnenjahr, da ein Monat dem Zeitraum zwischen zwei Vollmonden entspricht.
- Ein Sonnenjahr ist in zwölf etwa gleich lange Monate mit 365 Tagen eingeteilt. Es entspricht der Durchquerung der Sonne durch die zwölf Tierkreiszeichen.
- Der christliche Kalender entspricht dem Sonnenjahr unter Berücksichtigung des heutigen gregorianischen und zum Teil noch julianischen Kalendersystems.
- Nach dem meteorologischen Kalender beginnen die Jahreszeiten stets am 1. des Monats, da die meteorologische Zeitrechung nur volle Monate berücksichtigt.
- Der phänologische Kalender orientiert sich an den Entwicklungsstadien so genannter *Zeigerpflanzen* und signalisiert, wann in der Landwirtschaft und im Garten welche Arbeiten anfallen.

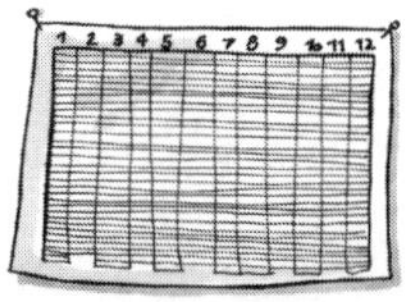

Zeitempfinden bei Kindern

Das Kleinkind hat noch keine zeitlichen Vorstellungen. Es lebt im Hier und Jetzt. Der Tages- und Nachtrhythmus vermittelt dem Kind erste Ansätze eines Zeitgefühls. Zentrale Bezugspunkte bieten dabei das Frühstück, das Mittagessen, der Nachmittag und das Zubettgehen. Da dem Kind bevorstehende Ereignisse sehr wichtig sind, begreift es zukünftige Relationen mithilfe täglicher Bezugspunkte wie *„Noch dreimal schlafen, dann ..."* eher als vergangene.
Junge Kinder benutzen Begriffe wie Heute, Morgen und Gestern meist als Synonym für Gegenwärtiges, Zukünftiges und Vergangenes. Erst Fünf- bis Sechsjährige sprechen von vorgestern und übermorgen. Große Zeiträume begreift das Kind in diesem Alter nur durch emotionale Markierungen, zu denen zweifelsohne der eigene

Geburtstag, Familienfeste, Weihnachten oder das Sommerfest in der KiTa gehören. Den aktuellen Wochentag identifiziert das Kind zum Ende des Kindergartenalters meist mühelos, sodass es mit etwa sechs Jahren die Jahreszeiten und Monate in der richtigen Reihenfolge benennen und mit entsprechenden Vorstellungen verbinden kann. Ein Wochenplan im Gruppenraum der KiTa verdeutlicht dem Kind den Wochenrhythmus und unterstützt seine Merkfähigkeit. Jahreszeitlich ausgerichtete Spiele, Lieder und Bilderbücher, eine selbst gestaltete Jahreszeitenuhr oder ein Geburtstagskalender helfen dem Kind, den Jahreslauf mit allen Sinnen zu erfahren und den Rhythmus der Natur bewusst zu erleben.

Zeiteinteilungen veranschaulichen

- Wochenplan mit Symbolen für die Aufgaben der ausgewählten Kinder
- Spielekalenderkette mit Abbildungen jahreszeittypischer Spieltätigkeiten
- Geburtstags-, Fest- und Feierkalender im Kindergartenjahr
- Jahreszeitenleiste mit Monatseinteilung und typischen Kennzeichen aus der Natur
- Jahresuhr mit den charakteristischen Merkmalen der Monate
- Gruppentagebuch für tägliche Eintragungen der Kinder

Jahreskreis

Im Januar beginnt das Jahr.
Im Februar ist Fastnacht da.
Im März die Frühlingssonne lacht.
Im April das Wetter Ärger macht.
Im Mai so viele Blumen blühen.
Im Juni wir ins Freibad ziehen.
Im Juli ist die Ferienzeit.
Im August macht sich die Hitze breit.
Im September gibt es reife Früchte.
Im Oktober steigen Drachen in die Lüfte.
Im November graue Nebel wallen.
Im Dezember die Schneeflocken fallen.

Anregung: Die Kinder gestalten Monatsbilder, dem Text entsprechend.

1.3 Unsere Wetterelemente

Unter dem Begriff *Wetter* werden Sonnenscheindauer, Tages- und Nachttemperaturen, Niederschlagsmengen, Luftdruck, Luftfeuchtigkeit, Windstärke und Windrichtung zusammengefasst. Wetter entsteht durch das Zusammenspiel von warmen und kalten Luftmassen. Das jahreszeitlich bedingte Wetter beeinflusst das Leben auf unserer Erde in ganz besonderer Weise. Nur wenn Regen und Sonne, Wärme und Kälte zum richtigen Zeitpunkt im richtigen Maß eintreffen, ist unsere Ernährung gesichert. Da es Wetteraufzeichnungen und den Beruf des Meteorologen (Wetterforscher) erst seit rund 100 Jahren gibt, haben die Menschen das Wetter in den vergangenen Jahrhunderten selbst beobachtet und ihre Erkenntnisse als *Bauernregel* von Generation zu Generation weitergegeben. Viele dieser Bauernregeln sind bis heute überliefert und als so genannte *Merktage* an die Namenstage katholischer Heiliger geknüpft. Merktage mit einer Wetterprognose werden auch *Lostage* genannt, da diese Vorhersage Einfluss auf das Los (Schicksal) des Bauern hatte. Beispielsweise verspricht gutes Wetter am 24. August, also am Bartholomäustag, einen guten Herbst und folglich eine gute Ernte.

Wolken

Wolken sind Anhäufungen von Wassertröpfchen oder Eiskristallen, die über unserer Erdoberfläche in der Atmosphäre (Lufthülle) schweben. Je nach Aussehen werden sie als Regenwolken, Schleierwolken, Schäfchenwolken, Federwolken, Blumenkohl- oder Haufenwolken bezeichnet.

Regen

Fallen kondensierende Luftteilchen (Wolken) in Form von Wassertropfen auf die Erde, bezeichnen wir diese Niederschläge je nach Menge und Form als Nieselregen, Regenschauern, Dauerregen, Graupel- oder Hagelschauern. Regen reinigt die Luft von kleinsten Staubpartikeln, versorgt die Pflanzen mit Wasser und bringt Abkühlung an heißen Tagen. Er füllt die Seen, Flüsse und Meere, versorgt uns mit Trinkwasser und hält den atmosphärischen Wasserkreislauf in Bewegung.

Schnee

Liegen die Temperaturen nahe dem Gefrierpunkt, gefrieren Wassertropfen zu feinen Eiskristallen und verkleben miteinander. Da die transparenten Eiskristalle Lichtstrahlen reflektieren, glitzern sie bei Sonnenlicht weiß. Je tiefer die Temperatur fällt, desto feiner werden die Flocken. Steigen die Temperaturen, schmelzen die Eiskristalle und verkleben zu großen Flocken. Da sich in den Zwischenräumen der zusammengeklebten Kristalle Hohlräume bilden, enthalten Schneeflocken sehr viel Luft. Mit ihren zahlreichen Luftkammern wirkt eine geschlossene Schneedecke wie eine isolierende Schutzhülle. Sie speichert die Wärme, während sie die Wind und Kälte fernhält.

Gewitter

Steigen feuchtwarme Wolken in höhere Luftschichten auf, entstehen Spannungen. Diese werden durch elektrische Entladungen ausgeglichen. Meist gehen mit einem Gewitter kräftige Regenschauer und Sturmböen oder gar Hagel- und Schneeschauer einher. Gewitterblitze sind sehr helle Lichterscheinungen, die sich mit Lichtgeschwindigkeit ausbreiten, ehe sie mit lautem Krachen, heftigem Mahlen oder rollendem Donner die Schallmauer durchbrechen. Blitzentladungen innerhalb der Wolke werden meist von einem gedehnten Schall begleitet. Je schneller Blitz und Donner aufeinander folgen, desto näher ist das Gewitter. Die Sekunden zwischen Blitz und Donner zeigen die ungefähre Entfernung des Gewitters an. Als Faustregel gilt: 3 Sekunden = 1 Kilometer.

Verhalten bei Gewitter

* Wälder, Höhenzüge und Gewässer beim Herannahen eines Gewitters sofort verlassen!
* Bäume, Holzmasten, Mulden und Höhleneingänge weiträumig meiden!
* Schutz bieten Gebäude, trockene Räume und Fahrzeuge (Faradayscher Käfig).
* Im offenen Gelände kein direktes Ziel und möglichst wenig Fläche bieten: In die Hocke gehen, die Arme um den Körper legen und den Kopf einziehen. Niemals auf den Boden legen!

Wind

Fließt Luft aus dem Gebiet mit höherem Luftdruck (Hochdruckgebiet) in ein Gebiet mit niedrigerem Luftdruck (Tiefdruckgebiet), so entsteht Wind. Je größer der Druckunterschied zwischen den Luftmassen ist, desto stärker ist der Wind. Die verschiedenen Windstärken haben Meteorologen in der Beaufortskala festgehalten.

Windstärke	Meter pro Sekunde	Wirkung
0 Windstille	0 – 0,2	Am offenen Feuer steigt der Rauch gerade empor.
1 Leichter Zug	0,3 – 1,5	Am Rauch ist die Windrichtung zu erkennen.
2 Leichte Brise	1,6 – 3,3	Der Wind ist fühlbar. Blätter bewegen sich.
3 Schwache Brise	3,4 – 5,4	Zweige bewegen sich.
4 Mäßige Brise	5,5 – 7,9	Zweige und dünne Äste bewegen sich.
5 Frische Brise	8,0 – 10,7	Kleine Bäume schwanken.
6 Starker Wind	10,8 – 13,8	Der Hut weht vom Kopf.
7 Steifer Wind	13,9 – 17,1	Starke Bäume schwanken.
8 Stürmischer Wind	17,2 – 20,7	Das Gehen fällt schwer, Zweige brechen ab.
9 Sturm	20,8 – 24,4	Lose Dachziegel fliegen vom Dach.
10 Schwerer Sturm	24,5 – 28,4	Der Aufenthalt im Freien ist gefährlich.
11 Orkanartiger Sturm	28,5 – 32,6	Bäume können umstürzen.
12 Orkan	über 32,7	Schwere Sturmschäden.

Sprechen und Erzählen

Beim Gewitter

von Eva Rechlin aus Barbara Bartos-Höppner *„Kindergedichte unserer Zeit"*, Arena.

Beim Gewitter, wenn es gießt
und aus allen Wolken schießt,
und du kommst nicht mehr nach Haus:
Weiche vor den Bäumen aus!

Denn wie leicht, das ist kein Witz,
schlägt in einen Baum der Blitz:
Krachpengrollerbollerbumm!
Und der schöne Baum – oder du fällst um.

Aus dem Schutz der Linden
immer gleich verschwinden!
Von den festen Eichen
sollst du schleunigst weichen.

Und sogar die Palmen
Bringt der Blitz zum Qualmen.
Flüchte mit Gezappel
vor der dünnen Pappel.

Anregung: Die Kinder überlegen sich weitere Strophen mit Tannen, Erlen, Kiefern, Eschen, Birken oder anderen Bäumen.

Schneeflocke

Weiß wie Kreide,
leicht wie Flaum,
weich wie Seide,
feucht wie Schaum …

Gewitterhexe

Jeden Tag um sechse
kommt die Gewitterhexe.
Bis um sieben
muss sie üben,
denn um acht
werden Blitze gemacht.
Und ab neune
hext sie Donner in der Scheune.
Und danach um zehn
wird es wieder schön.
Schneit es dann um elf,
schläft sie bis um zwölf.
Wenn die Sonne wieder lacht,
ist sie wieder aufgewacht.

Spielanregung: Sieben Mitspieler verkünden die Uhrzeit mit Blocktrommeln, Glockenspiel, Triangel oder ähnlichen Schlaginstrumenten. Die Kinder zählen laut mit und sprechen den Reim.

Beobachten und Erforschen

Farbthermometer

Material: großes Thermometer für den Außenbereich, gleich langer Pappstreifen (Breite 5 Zentimeter), Fingerfarbe, Bindfaden, Holzperle, farbige Papierstreifen für die Farbeinheiten (5 x 10 Zentimeter)
Herstellung: Für je 5 Grad der Temperaturskala des Thermometers eine Farbe festlegen und diese mit Fingerfarbe auf den Pappstreifen übertragen. Den Pappstreifen an der schmalen Seite einkerben, die Perle auffädeln und den Faden in die Kerbe des Pappstreifens legen. Beide Thermometer in Kinderhöhe an der Wand befestigen. Die Kinder markieren die täglich gemessene Temperatur mit der Perle auf der Farbskala.
Variante: Die Temperatur an unterschiedlichen Orten messen und dort passende Farbstreifen hinterlassen. Nach einiger Zeit die Temperaturen vergleichen.

Wetterzeiger

Material: Tannenzapfen, Bindfaden

Herstellung: Den Tannenzapfen mit einem Faden versehen und an die Zimmerdecke oder vor ein Fenster hängen. Kündigt sich schönes Wetter an, öffnen sich die Schuppen des Tannenzapfens. Wird es feucht und regnerisch, schließen sich die Schuppen.

Wetteruhr

Material: feste, runde Pappscheibe (40 Zentimeter). Zeiger aus Pappe, Briefklammer, Fingerfarbe, Bindfaden

Herstellung: Die Pappscheibe in sechs gleich große Segmente teilen. In jedes Sechstel mit Fingerfarbe die Wettersymbole für Nebel, Regen, Sonne, Wind, Schnee und Wolken malen. Den Faden anbringen und die Wetteruhr in Augenhöhe der Kinder aufhängen, damit sie die Wetteruhr täglich stellen können.

Windsack

Material: Plastiktüte, Stock, Bindfaden, Schere, Klebstoff

Herstellung: In den Boden der Plastiktüte ein größeres Loch schneiden und farbige Plastikstreifen von der zweiten Plastiktüte ankleben. Den Windsack mit Bindfaden am Stock so befestigen, dass er sich frei bewegen kann. Auf einer freien Fläche den Stock in den Boden stecken, damit sich der Wind von allen Seiten messen lässt. Die Windrichtungen mithilfe einer Windrose markieren.

Regenfänger

Material: schmaler, hoher Messbecher, Trichter

Herstellung: Den Messbecher mit dem Trichter auf eine freie Fläche im Freien aufstellen. An Regentagen regelmäßig den Wasserstand messen und die gesammelten Regenmengen vergleichen.

Singen und Bewegen

Ich ging wohl über Meer und Land

Text: Autorinnen. Melodie: überliefert

2. *Ich bin im Sommerland zu Haus,*
   zieh schnell Schuh und Strümpfe aus.
   Blauer Himmel, Sonnenschein,
   spring ins kühle Nass hinein.

3. *Ich bin im Herbstland gern zu Haus,*
   hole meinen Drachen raus,
   bunte Blätter treibt der Wind,
   übers Stoppelfeld geschwind.

4. *Ich bin zu Haus im Winterland.*
   Schnee und Eis bedeckt das Land,
   packt die Welt in Watte ein,
   bald wird Heilig Abend sein.

Spielanregung: Die Kinder rhythmisieren den Text mittels Klatschen und pantomimischen Bewegungen.

Regenbogenlied

Text: Rolf Krenzer, Melodie: Detlev Jöcker
Aus: „*Wir kleinen Menschenkinder*". Audio-CD/LiedSpielBuch. Menschenkinder Verlag.

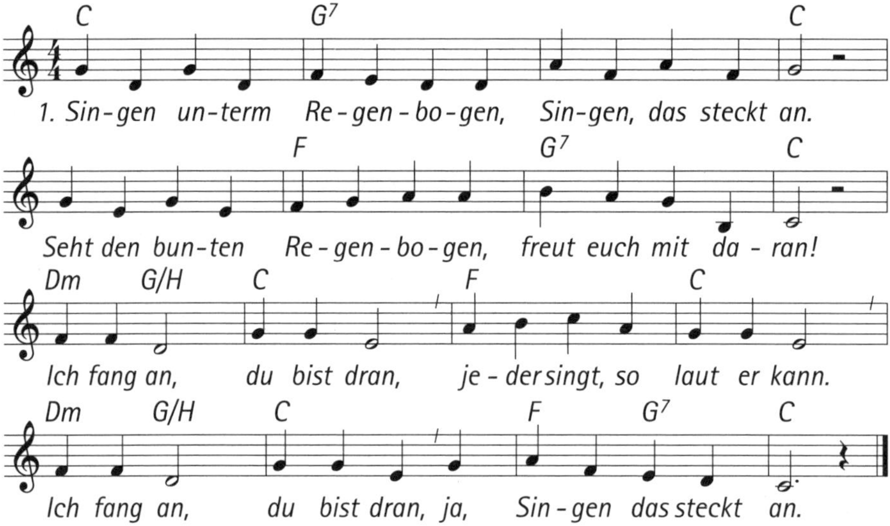

2. *Lachen unterm Regenbogen, Lachen, das steckt an.*
   Seht den bunten Regenbogen, freut euch mit daran.
   Ich fang an! Du bist dran! Jeder lacht, so laut er kann.
   Ich fang an! Du bist dran! Ja, Lachen, das steckt an.

3. *Tanzen unterm Regenbogen, Tanzen, das steckt an.*
   Seht den bunten Regenbogen, freut euch mit daran.
   Ich fang an! Du bist dran! Jeder tanzt, so gut er kann.
   Ich fang an! Du bist dran! Ja, Tanzen, das steckt an.

4. *Danken unterm Regenbogen, weil uns Gott verspricht:*
   Mit dem bunten Regenbogen: Er vergisst uns nicht!
   Schaut ihn an! Freut euch dran! So viel Farben sind zu sehn!
   Schaut ihn an! Freut euch dran, er ist so wunderschön!

1.4 Reise zu den „Inseln der vier Jahreszeiten"

Material: Seile, Tonträger mit Meeresrauschen und Abspielgerät, Muscheln, Schwungtuch, Faltpapier
Spieler/innen: ab 12
Alter: ab 5 Jahre
Vorbereitung: In der Mitte eines großen Raumes den Umriss eines großen Passagierschiffs mit Seilen auslegen. In den vier Ecken des Raumes befindet sich je eine Jahreszeiten-Insel.
Spieldauer: ca. 90 Minuten
Spielverlauf: Die Spielleiterin stellt sich als Kapitän vor und reist mit der Gruppe von Insel zu Insel. Während der Fahrt zu den Inseln singen alle gemeinsam das Lied *„Eine Seefahrt, die ist lustig ...".* Jeweils nach der letzten Strophe ruft Kapitän *„Land in Sicht!"* und kündigt die drei Sehenwürdigkeiten auf der Insel an. Alle gehen von Bord und folgen den Anweisungen des Kapitäns.

Willkommen an Bord

Der Kapitän begrüßt die Reisenden: *„Herzlich willkommen an Bord der Tick-Tack. Sie wird uns heute zu den fernen Inseln der vier Jahreszeiten bringen. Mein Name ist Calendura. Ich bin der Kapitän. Zur Begrüßung wollen wir jetzt unser Seefahrtslied singen."*
Während das Schiff ablegt, singen alle das bekannte Seefahrtslied und simulieren die Schiffsreise mit pantomimischen Bewegungen.

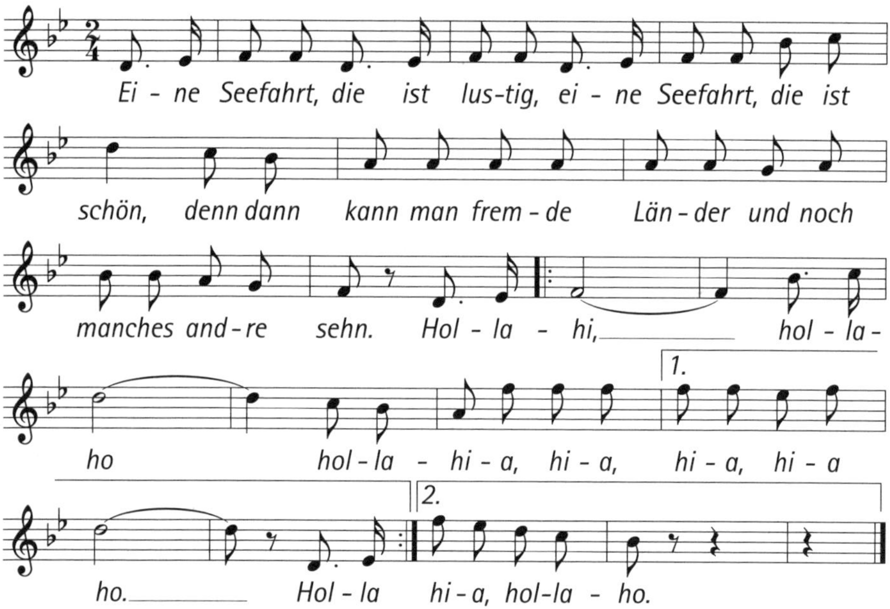

2. *Calendura heißt der Käpten,*
hat das Steuer in der Hand,
segelt uns von Ost nach Westen
in ein fernes, fremdes Land.
Hollahi, hollaho ...

3. *Zu den Inseln der vier Zeiten*
fährt das Schiff hinaus auf See,
nur der Wind wird uns begleiten,
um uns Wellen, Wolken, Meer.
Hollahi, hollah ...

Ankunft auf der Frühlingsinsel

Der Kapitän ruft: *„Anker werfen. Vor uns liegt die Frühlingsinsel mit dem Märzgarten, dem Aprilgarten und dem Maigarten. Gehen wir zuerst in den Märzgarten. Hier wachsen wunderschöne Frühlingsblumen. Kennt ihr einige mit Namen?"*

Im Märzgarten steht ein Blümelein

In der Kreismitte steht ein Spieler als Blümelein, die anderen gehen singend herum. Das Blümelein winkt einen Mitspieler heran. Beide haken sich ein und tanzen.

Im Garten steht ein Blümelein,
Vergissmeinnicht, Vergissmeinnicht.

Und wen ich dann am liebsten hab',
dem winke ich, dem winke ich.
Tralalalalalalala, tralalala, tralalala.

In jeder weiteren Spielrunde verdoppelt sich die Anzahl der Mitspieler, bis alle im Kreis stehen. Froh gelaunt wandern sie in den Aprilgarten.

Unwetterwoche im Aprilgarten

Hier regnet es ununterbrochen. Alle setzen sich auf den Boden, sprechen das Fingerspiel und machen mit den Fingern die Wettergeräusche nach: Zwei Finger trommeln auf den Boden. Alle Finger trommeln kräftig. Mit den Handflächen auf den Boden schlagen. Mit der Faust auf den Boden klopfen. Blitze in die Luft malen. Mit beiden Fäusten schlagen. Beide Hände verschwinden hinter dem Rücken.

Am Montag tröpfelt es.
Am Dienstag regnet es.
Am Mittwoch gießt es.
Am Donnerstag hagelt es.
Am Freitag blitzt es.
Am Samstag donnert es.
Am Sonntag laufen alle Leute schnell nach Haus!

Im Maigarten ruft der Kuckuck

Im Aprilgarten ist es zu ungemütlich, deshalb zieht die Gruppe in den Maigarten. Hier gehen alle zu zweit im Kreis spazieren. Aber aufgepasst! Ein Mitspieler steht abseits und spielt den Kuckuck. Sobald er dreimal ruft, darf er losrennen und einen Mitspieler fangen. Dieser Mitspieler spielt in der nächsten Runde den Kuckuck.

Wir wollen heut spazieren gehen,
im schönen Maiengarten.
Nur wenn der Kuckuck dreimal ruft,
wir woll'n nicht länger warten.
Kuckuck! Kuckuck! Kuckuck!

Weiterreise zur Sommerinsel

Der Kapitän ruft alle zurück an Bord, um zur Sommerinsel zu segeln. Alle singen das Seefahrerlied (siehe Seite 26). Dann ist die Insel mit ihren drei weißen Stränden in Sicht: dem Junistrand, dem Julistrand und dem Auguststrand.

Krebsgang am Junistrand

Alle gehen von Bord. Überall liegen Muscheln im Sand. Jeder darf eine Muschel mit nach Hause nehmen. Wer eine Muschel aufhebt, wird sofort zum Krebs und kann sich nur rückwärts fortbewegen. Jeder Spieler legt eine Muschel auf seinen Bauch und geht auf Händen und Füßen im Rückwärtsgang zum Julistrand.

Fantasiereise am Julistrand

Nach der Anstrengung legen sich die Kinder gemütlich in den Sand. Dann beginnt der Kapitän ruhig, gleichmäßig und mit Pausen von seinem Traumstand zu erzählen (eventuell einen Tonträger mit Meeresrauschen einsetzen):
Stell dir vor, du liegst an einem Strand im weichen, zarten Sand. Er ist ganz warm. Deine Haut fühlt sich wohl in diesem weichen, warmen Sand. Du schließt die Augen und genießt den Sonnenschein. Es ist ein schöner Sommertag. Du spürst die warmen Sonnenstrahlen auf deiner Haut. Du liegst bewegungslos im weichen Sand, während ein wohliges Gefühl deinen ganzen Körper durchströmt. Jetzt hörst du auch das leise Rauschen des Meeres. Ruhig und gleichmäßig rollen die Wellen heran und breiten sich sanft über dem Strand aus, ehe sie sich leise aufs Meer zurückziehen. Du spürst deinen Atem. Er ist ruhig und gleichmäßig, genau wie das Meer. Du atmest ein und aus, ein und aus. Mit jeder neuen Welle atmest du ruhig ein und wieder aus. Ein warmer Wind streicht sanft über deine Haut. Du bist ruhig und entspannt. Du fühlst dich wohl. Langsam wird der Wind immer stärker. Du öffnest deine Augen. Du reckst dich und streckst, ehe du dich langsam aufsetzt.

Fischfang am Auguststrand

Nach dieser Erholungspause lockt der Auguststrand mit seinen meterhohen Wellen und seinen vielen großen Fischen, die munter im Wasser umher springen. Ein Kind geht als Fisch unter ein Schwungtuch, ein anderes Kind stellt sich als Fischer auf das Schwungtuch. Alle übrigen Mitspieler fassen das Schwungtuch und bewegen es wellenförmig dicht über dem Boden, damit der Fischer die Position des Fisches nur schwer ausmachen kann. Der Fischer muss versuchen, den Fisch zu fangen.

Weiterreise zur Herbstinsel

Alle gehen zurück an Bord und segeln das Seefahrerlied singend weiter (siehe Seite 26). Am Schluss des Liedes werfen alle gemeinsam den Anker. Vor ihnen liegt die Herbstinsel mit ihren drei fruchtbaren Feldern: dem Septemberfeld, dem Oktoberfeld und dem Novemberfeld. Alle gehen an Land.

Flugzeuge auf dem Septemberfeld

Zuerst geht die Reisegruppe zum Septemberfeld, auf dem das Korn schon abgeerntet ist. Ein idealer Platz, um mit ausgebreiteten Armen zu fliegen!

Apfelbaum auf dem Oktoberfeld

Hier stehen viele Obstbäume. Kennen die Kinder ihre Namen? Dort ist ein Apfelbaum. Singend gehen sie dorthin und pflücken pantomimisch ein paar Äpfel.

Es tröpfelt auf dem Novemberfeld
Nach dieser Stärkung geht's zum Novemberfeld. Hier regnet es wie im Aprilgarten. Außerdem ist es ganz schön kalt. Zum Aufwärmen wiederholen alle das Fingerspiel (siehe Seite 27).

Weiterreise zur Winterinsel

Nach den herbstlichen Regentagen möchte der Kapitän zu den Winterinseln weitersegeln. Zurück an Bord singen alle wieder das Seefahrerlied (siehe Seite 26). Endlich zeigen sich die drei schneebedeckten Winterberge am Horizont: der Dezemberberg, der Januarberg und der Februarberg. Anker werfen! Alle gehen an Land.

Weihnachtsmann, wie hoch ist dein Schneeberg?
Zuerst möchte der Kapitän zum Dezemberberg. Hier wohnt nämlich der Weihnachtsmann. Aber kennt jemand den Weg dorthin? (Antworten der Kinder abwarten.) Am besten fragen die Kinder ihn selbst. Auf einer Seite des Raumes steht der Weihnachtsmann, ihm gegenüber stehen die Spieler und rufen:
„Weihnachtsmann, wie hoch ist dein Schneeberg?"
„1000 Meter hoch!"
„Wie kommen wir da herauf?"
„Auf allen Vieren!"
Die Spieler führen pantomimisch die angegebene Bewegung aus, um auf die andere Seite des Raumes zu kommen, ohne vom Weihnachtsmann gefangen zu werden. In der nächsten Spielrunde helfen die gefangenen Spieler dem Weihnachtsmann beim Fangen.

Anziehen auf dem Januarberg
Da der Weihnachtsmann wieder an die Arbeit muss, führt der Kapitän die Kinder zum Januarberg. Hier ist es sehr kalt. Am besten zieht sich jeder möglichst viele Kleidungsstücke an. Nacheinander nennen die Spieler winterliche Kleidungsstücke und ziehen sie pantomimisch an. Bei älteren Kindern kann das genannte Kleidungsstück des Vorgängers wiederholt werden.

Eingefroren auf dem Februarberg

Alle ziehen weiter zum Februarberg, das ist ein Eisberg. Wer vom Eisberg berührt wird, erstarrt sofort zu einem Eiszapfen. Nur die warme Sonne kann ihn wieder auftauen und zum Leben erwecken.

Die Spieler laufen durch den Raum. Zwei Kinder spielen die Eisberge. Durch ihre Berührung erstarren die anderen Mitspieler. Die Mitspieler können sich gegenseitig erlösen, wenn sie sich die Hände schütteln. Das Spiel kann beliebig lange gespielt werden.

Rückreise zum Kindergarten

Ein letztes Mal heißt es: Zurück an Bord! Die Rückreise zum Kindergarten beginnt. Zum Abschied singen alle noch einmal das Seefahrerlied (siehe Seite 26), ehe sie den Anker werfen und feststellen, dass sie auf einer Insel der vier Jahreszeiten angekommen sind. Wissen die Kinder, wie die Insel heißt? Und wo genau befindet sich ihr Kindergarten? (Frage nach dem aktuellen Monat.) Richtig! Nun ist es Zeit für den Abschied. Vielleicht gibt es ja bald ein Wiedersehen, um nochmals zu den Inseln der vier Jahreszeiten zu reisen. Der Kapitän verabschiedet sich von jedem Kind mit Handschlag.

FRÜHLING

Nach dem astronomischen Kalender dauert der Frühling auf der nördlichen Erdkugel vom 20. / 21. März bis zum 21. Juni. Er beginnt also mit der Tagundnachtgleiche und endet mit der Sommersonnenwende. Für den phänologischen Kalender beginnt der Vorfrühling mit der Blüte von Haselnuss und Schneeglöckchen. Im meteorologischen Kalender dauert die Frühlingszeit vom 1. März bis 31. Mai und kündigt sich mit kräftigen Frühjahrsstürmen aus westlicher oder südwestlicher Richtung an. Der März gilt als niederschlagsärmster Monat des Jahres. Am besten für die Landwirtschaft ist ein trockener, mäßigwarmer März, dem ein nasskühler, wechselhafter April folgt. Sommerliche Tagestemperaturen von 25 Grad Celsius und Nachtfröste unter minus 5 Grad Celsius sind in dieser Zeit keine Seltenheit. In den Nächten regnet es selten, da die kühlen Luftmassen nur wenig Wasserdampf aufnehmen können. Der Mai mit seinen Eisheiligen bringt oftmals eine letzte Kaltwetterfront und gefährdet damit die gesamte Obstblüte. Empfindliche Pflanzen sollten deshalb erst nach diesem Termin ausgesät oder gepflanzt werden.

Neben dem christlichen Osterfest wird der Frühling mit zahlreichen weiteren Festen gefeiert, die oftmals religiöse Bezüge aus vorchristlicher Zeit aufweisen. Das Entzünden von großen Feuern oder die Vernichtung von Strohpuppen stammen aus vorchristlicher Zeit, als die Menschen mit magischen Ritualen die winterlichen Geister vertreiben und die Fruchtbarkeit stärken wollten. Noch heute werden vielerorts Maibäume aufgestellt, Maifeuer angezündet, kunstvoll geschmückte Stangen durch die Dörfer getragen und symbolische Streitspiele zur Vertreibung des Winters veranstaltet.

* **Osterzeit** – Nach dem Frühlingsvollmond begehen wir das Osterfest. Die gesamte Osterzeit wird nach diesem Datum berechnet.
  * Palmsonntag, Sonntag vor Ostern: Einzug Jesu in Jerusalem
  * Gründonnerstag, Donnerstag vor Ostern: Letztes Mahl Jesu mit den Jüngern
  * Karfreitag, Freitag vor Ostern: Kreuzigung Jesu
  * Ostersonntag, erster Sonntag nach dem Frühlingsvollmond: Auferstehung Jesu
  * Christi Himmelfahrt, 40 Tage nach Ostern: Vatertag
  * Pfingsten, 50 Tage nach Ostern: Aussendung des Heiligen Geistes

* **Beginn der Sommerzeit** – Um 2.00 Uhr am letzten Sonntagmorgen im März wird die Uhr eine Stunde vorgestellt.

* **21. März** – Frühlingsanfang.

* **30. März** – Fest zu Ehren der germanischen Frühlingsgöttin Ostara und ihres heiligen Hasen. Rot gefärbte Eier symbolisieren ihre Fruchtbarkeit.

* **1. April** – Freunde und Bekannte werden mit unlösbaren Aufgaben in den April geschickt.

* **30. April** – Walpurgisnacht, vorchristliches Fest zur Austreibung der Wintergeister.

* **1. Mai** – Tag der Arbeit und Maifeiertag.

* **11. Mai** bis **15. Mai** – Gedenktage für die christlichen Märtyrer und Bischöfe Mamertus (11. Mai), Pankratius (12. Mai), Servatius (13. Mai), Bonifatius (14. Mai), Sophia (Kalte Sophie, 15. Mai). Da die Temperaturen in diesen Tagen noch einmal unter den Gefrierpunkt sinken, werden sie als Eisheilige bezeichnet. Erst nach diesen Tagen werden frostempfindliche Pflanzen gesetzt und die Saat ausgebracht.

* **Zweiter Sonntag im Mai** – Muttertag.

2.1 Frau Sonne auf ihrer Frühlingswanderung

Vorbereitung und Umsetzung der Jahreszeit-Geschichten

Vor Beginn der Jahreszeit-Geschichte sammeln sich die Kinder an ihrem Vorleseplatz. Sie sprechen folgenden Vers und begleiten ihn mit rhythmischem Klatschen:

Leise, leise, spitzt das Ohr!
Leselöwen lesen vor.
Lauschen, lauern in den Ecken,
wollen sich vor uns verstecken.
Doch wir haben sie entdeckt
Und aus ihrem Schlaf geweckt.

Die Jahreszeit-Geschichte lässt sich beliebig erweitern oder verändern und auf verschiedene Weise umsetzen:

* Szenarien-Spiel auf dem Jahreszeitentisch mit gesammelten Naturmaterialien und Figuren
* Klanggeschichte mit Instrumenten oder Geräuschen
* Jeux dramatiques (Ausdrucksspiel) mit verteilten Rollen (siehe auch Seite 76)

Geschichte zum Frühlingsanfang

Heute ist der 21. März. Es ist Frühlingsanfang. Frau Sonne hat gute Laune. Sie ist schon um sieben Uhr aufgestanden und strahlt über das ganze Gesicht. Endlich kann sie mit ihrer Himmelswanderung beginnen. Einen ganzen Tag hat sie sich dafür eingeplant.
Die Vögel sind die Ersten, die Frau Sonne mit ihrem Gesang begrüßen. Noch in der Morgendämmerung stimmen der Gartenrotschwanz und die Feldlerche ihr Morgenlied an. Kurz darauf ertönen die Amsel und der Zaunkönig, bis schließlich auch die Meisen, Finken und Stare mitsingen. Und wenn schließlich der Hahn lauthals kräht, erwachen auch die Kinder.

Frau Sonne ist voller Tatendrang. Sie schickt ihre warmen Strahlen auf die kalte Erde und bringt den letzten Schnee zum Schmelzen. Der gefrorene Boden taut auf und die ersten Frühlingsblumen zeigen ihre bunten Blüten. Der Huflattich ist der Neugierigste, aber auch die Veilchen und Buschwindröschen freuen sich nach der langen dunklen Winterzeit auf das Wiedersehen mit Frau Sonne. Sie haben zwar keine Augen, aber sie spüren das warme Licht und strecken Frau Sonne ihre Blüten entgegen. Auch die Schmetterlinge erwachen aus dem Winterschlaf. Emsig flattern sie umher und saugen den süßen Nektar aus den Frühlingsblumen.
Frau Sonne hat eine Menge zu tun. Sie empfängt das Ehepaar Storch und die Geschwister Schwalbe, die soeben aus Afrika zurückgekehrt sind. Sie wärmt die frisch geborenen Lämmer auf der Weide und kitzelt die Waldtiere mit ihren kräftigen Strahlen aus ihrem Winterschlaf: „Hallo Igel, hallo Dachs aufstehen! Los, Eichhörnchen, die Frühlingsuhr hat geklingelt!" Auch die Frösche und Kröten sollten langsam aus ihrer Winterstarre erwachen.
Am Nachmittag verweilt Frau Sonne ein wenig. Sie beobachtet die Hummelkönigin bei ihrer Suche nach einem Bauplatz für ihr neues Hummelvolk. Ah, sie hat ein fertiges Nest gefunden. Doch offenbar ist es schon besetzt, denn es liegen fünf Eier darin. Da kommt auch schon die Drosselmutter angeflogen und hätte die Hummelkönigin um ein Haar erwischt. Glücklicherweise ist sie in letzter Sekunde blitzschnell davon gesaust.
Frau Sonne wandert weiter und freut sich über die vielen fröhlichen Kinder. Einige legen im Garten ein Beet an und säen Radieschen, andere spielen im Sandkasten, fahren mit ihren Dreirädern umher und gehen mit ihren Puppenwagen spazieren. Gleich ist es 20 Uhr. Eigentlich wollte Frau Sonne sich heute Abend mit ihrem Freund, dem Herrn Mond, treffen. Aber der macht mal wieder eine Schlankheitskur. Er nimmt gerade ab und zeigt sich nur als ganz schmale Sichel am Abendhimmel. Also legt sich Frau Sonne ins Bett und beschließt, noch etwas fern zu sehen. Das Himmelsprogramm zeigt das Sternbild vom großen Wagen. Auch der kleine Wagen und der Polarstern sind deutlich zu erkennen. Doch nach diesem anstrengenden Tag ist Frau Sonne so müde, dass ihr beim Sternbild des Löwen die Augen zufallen. Lächelnd träumt sie von ...

Bildbetrachtung

Das Bild *Der Frühling* (1573) gehört zur Reihe Vier Jahreszeiten, die Guiseppe Arcimboldo sehr häufig gemalt hat. Das Motiv ist in zahlreichen Kunstbänden sowie im Internet zu finden.

- Welche Jahreszeit zeigt dieses Bild? Wie heißen die anderen Jahreszeiten?
- Stellt das Bild einen Frühlingsmann oder eine Frühlingsfrau dar?
- Wie hat der Maler das Gesicht vom Frühling gemalt?
- Wie hat der Maler das Ohr und den Ohrring dargestellt?
- Hat der Frühling echte Zähne? Was trägt der Frühling auf dem Kopf?
- Mit welchen Pflanzen ist der Frühling bekleidet?
- Wie oder womit würdest du den Frühling malen oder gestalten?

Frühlingsweisheiten für junge Bauern und Gärtner

- *Wenn im März viel Winde weh'n, wird's im Mai warm und (schön).*
- *Ist der April sehr trocken, geht der Sommer nicht auf (Socken).*
- *Ist's im Mai recht kalt und nass, haben die Maikäfer wenig (Spaß).*
- *Wenn die Drossel schreit, ist der Frühling nicht (weit.)*
- *Hüpfen Eichhörnchen und Finken, siehst du schon den Frühling (winken).*
- *Frühlingsregen bringt (Segen).*

Spielanregung: Die Spielleitung spricht die Frühlingssprüche und die Kinder vervollständigen den Endreim.

Frühling

Der Frühling treibt gern Schabernack.
Er bläst auf seinem Dudelsack
noch einmal Märzenschnee daher
und tut, als ob es Winter wär.
Den Winter steckt er in den Sack
und holt heraus den Blumenfrack.
Der Frühling treibt gern Schabernack
und trägt den Sommer huckepack.

Spielanregung: Die Kinder bewegen sich pantomimisch zum Text. Sie drehen anderen eine Nase, spielen Flöte, blasen die Backen auf und pusten. Sie frösteln, füllen einen Sack, kleiden sich an, drehen anderen eine Nase und tragen einen Sack.

Ein Osterhase

Ein Osterhase wollt allein,
die Eier legen ins Versteck.
Da hat er's Bächlein nicht gesehn
und plumps, da war er weg.
Das Bächlein floss dem Tale zu,
dort wo die Mühle steht
und sich ohne Rast und Ruh
das große Mühlrad dreht.
Ganz langsam drehte sich das Rad,
fest hielt's der Osterhas.
Und als er endlich oben war,
sprang er hinab ins Gras.
Der Osterhas lief schnell nach Haus.
Die Eier waren entzwei,
doch machte er sich nicht viel draus,
nun gab es Rühr- und Spiegelei.

Spielanregung: Die Kinder sitzen im Kreis, sprechen den Fingerreim und führen passende Handbewegungen aus.

Frühlingsrätsel

Der Schnee wird weich,
es taut der Teich,
lang wird der Tag.
Wann ist das? Sag!

Maikäfer

Maikäfer fängt zu klettern an,
steigt so weit, er steigen kann.
An einem Grashalm hoch hinauf
und hält erst oben ein im Lauf.
Nun steht er wie auf einem Turm,
da bläst ein arger Wirbelsturm.
Der Halm schwankt hin, der Halm schwankt her.
Er beugt sich tief, er beugt sich sehr.
Maikäfer sich am Grashalm hält,
damit er nicht hinunter fällt.
Da bläst noch mehr der tolle Wind
und wirft ihn doch hinab geschwind.
Ihr meint jetzt tat er sich sehr weh?
Oh, nein, er guckt nur in die Höh'.
Er lacht und rappelt sich schnell auf
und steigt am nächsten Halm hinauf.

Spielanregung: Die Kinder sitzen im Kreis, sprechen das Gedicht und führen dazu mit den Fingern passende Bewegungen aus. Unterarm und ausgestreckte Hand senkrecht halten. Zeige- und Mittelfinger der anderen Hand klettern, bleiben auf der Kuppe des Mittelfingers stehen. Nun pusten. Dann Unterarm leicht nach rechts und links beugen. Unterarm stärker beugen. Zeige- und Mittelfinger umklammern Mittelfinger der anderen Hand. Stärker pusten. Eine Hand fällt in den Schoß. Zeigefinger nach vorn strecken. Krabbelbewegung mit den Fingern machen. Am Unterarm des Nachbarn hochkrabbeln.

2.2 Die Natur erwacht

Wenn die Tage länger und wärmer werden, scheint die Natur regelrecht zu explodieren. Dies ist die beste Zeit, um gemeinsam mit Kindern Lebenszusammenhänge zu erleben, zu erkennen und zu gestalten. Diese Erfahrungen bilden die Grundlage für einen bewussten und verantwortungsvollen Umgang mit Natur.
Nach jedem warmen Regenschauer können die Kinder neue Blütenknospen und die aromatischen Düfte der Frühlingsblüher entdecken. Haselnuss und Schneeglöckchen verkünden als Erste den Frühling. Bald blühen auch Krokus, Märzenbecher und Waldblumen, bevor ihnen die Blätter der Bäume das Licht nehmen. Neben Veilchen und Buschwindröschen zeigen sich Schlüsselblumen, Leberblümchen und Scharbockskraut. In den Gärten öffnen Narzissen und Tulpen langsam ihre Blüten. Das Gras auf den Wiesen leuchtet in kräftigem Grün. Forsythien- und Fliederbüsche, Weiden, Erlen, Birken, Kirsch- und Apfelbäume zu beginnen zu blühen. Die Farbe der ersten Frühlingsblüten ist Weiß, gefolgt von Gelb und Rot.
Die längere Sonnenscheindauer in den ersten Frühlingstagen erzeugt so viel Wärme und Licht, dass die Wurzeln der Bäume mehr Wasser und Nährstoffe aufnehmen und bis in die Knospen weiterleiten können. Immer stärker wachsen die Knospen heran, bis sie schließlich aufbrechen und die jungen Blätter und Blüten zeigen. Die meisten Blüten bestehen aus (männlichen) Staubblättern mit winzigkleinen Pollen und einem (weiblichen) Stempel. Sobald der Wind die Pollen auf den Stempel trägt, kommt es zur Befruchtung und eine Frucht wächst heran. Die leuchtenden Farben und der feine Blütenduft locken auch zahlreiche Insekten an, die von dem süßen Blütennektar naschen wollen und dabei den Stempel mit den feinen Pollen bestäuben.

Blüten bestäuben und beobachten

Zwei blühende Haselnusssträucher suchen. Beide tragen Mädchenblüten (Knospen mit winzigen, purpurroten Fäden) und Jungenblüten (troddelartige Kätzchen, mit gelbem Blütenstaub). Den gelben Blütenstaub des zweiten Haselnussstrauches auf die roten Fäden des ersten Strauches streichen und mit Wollfäden kennzeichnen. Danach wöchentlich beobachten, wie aus den Blüten Nüsse heranreifen.

Warum blühen Schneeglöckchen so früh?

Das Schneeglöckchen zählt ebenso wie Krokus, Tulpe, Märzenbecher und Narzisse (Osterglocke) zu den Frühblühern. Charakteristisch für diese Vorboten des Frühlings ist, dass sie aus einer Zwiebel heranwachsen. Die Zwiebel mit ihren schalenartig angeordneten Blättern dient als Wasser- und Nährstoffreservoir, das den Pflanzen die nötigen Nährstoffe liefert.
Blumenzwiebeln in selbst gefertigte Tontöpfe oder Balkonkästen stecken, auf die Fensterbank stellen und ihr Wachstum beobachten.

Achtung
Im Gegensatz zu Küchenzwiebeln sind Blumenzwiebeln nicht zum Verzehr geeignet! Nur die Küchenzwiebel darf zum Essen verwendet werden.

Kopfweiden pflanzen

Viele Kopfweiden entwickelten sich aus den Pfählen alter Weidezäune. Deshalb sind sie oftmals an natürlichen Weidebegrenzungen (Wassergräben) oder Feldwegen zu finden. War die Erde dort feucht, schlugen die Pfähle im Laufe der Jahre Wurzeln und wuchsen zu Bäumen heran. Ihre besenartigen Zweige dienten den Korbmachern als Flechtmaterial und wurden regelmäßig beschnitten. So entstanden die kopfförmige Verdickungen am Stamm, die diesem Baum seinen Namen verliehen.
Weidenruten schneiden und ins Wasser stellen. Nach wenigen Tagen treiben sie Wurzeln und können in Form eines Tipi ausgepflanzt werden.

Samen unter der Lupe

Mit einer Becherlupe oder einem Vergrößerungsglas die unterschiedlichen Farben und Formen von Samen betrachten. Zum Vergleich eignen sich Obstkerne, Hülsenfrüchte, Radieschensamen, Weizen, Grassamen und andere Samen.

Alfalfasamen keimen

In ein Glas 3 Esslöffel Alfalfasamen geben, mit 1 Liter Wasser auffüllen und über Nacht quellen lassen. Das Glas mit einem Stück Gardinenstoff und einem Gummiband abdichten. Täglich das Wasser wechseln. Nach einigen Tagen sind die Keime einige Zentimeter lang und können gegessen werden (Rezept siehe Seite 46).
Variante: Dieser Keimversuch ist auch mit Mungobohnen, Weizen, Sonnenblumenkernen oder Linsen möglich.

Das Geheimnis des Samenkorns
Jede Pflanze hat ihren eigenen Samen. Aus einem Kirschkern entsteht immer eine Kirsche, aber nie ein Radieschen. Obwohl alle Samen verschieden aussehen, unterscheiden sie sich in ihrem Inneren nur wenig: In der Mitte befindet sich der Embryo, mit seinen spezifischen Anlagen wie Wurzeln, Knospen, Stängel und Blätter, umhüllt von den Keimblättern. Die äußere Samenschale schützt den Samen vor Verletzung und Feuchtigkeitsverlust. Manche Samen brauchen lange zum Keimen, während bei anderen schon nach wenigen Tagen ein grüner Spross zu sehen ist.

Grüne Gräser-Grete

In die Strumpfspitze eines ausgedienten Nylonstrumpfs 2 Esslöffel Grassamen geben. Mit Blumenerde auffüllen, bis ein faustgroßer Kopf entsteht. Mit einem Band abbinden, auf ein mit Wasser gefülltes Glas setzen und auf die Fensterbank stellen. Schon nach wenigen Tagen wachsen grüne Haare, die gerne von einigen Haustieren gefressen werden. Selbstverständlich darf die Gräser-Grete auch ein fantasievolles Gesicht erhalten.

Weizen-Wiese im Tontopf

In selbst gefertigte oder gekaufte Tontöpfe Blumenerde einfüllen. Keimfähige Weizenkörner (Reformhaus) dicht ausstreuen, mit etwas Blumenerde abdecken und angießen. Nach etwa zwei Wochen ist eine kleine Weizen-Wiese gewachsen, in die ein buntes Ei gelegt werden kann.

Radieschenbeet im Außengelände anlegen

Mitte März bis Ende April das Beet von Unkraut und Steinen befreien. Im Abstand von 4 Zentimeter flache Rillen ziehen und Radieschensamen der Sorte Cherry Belle hineinlegen. Das Beet glatt harken und die runden Samen festklopfen. Nach sechs Wochen können die ersten Radieschen geerntet werden.

Kaulquappen unter Wasser beobachten

Von einer großen Konservendose beide Deckel entfernen, die Schnittkanten abkleben. Über eine Öffnung mit Gummiband eine Folie spannen. Dann den Boden eines Aquariums zuerst mit Kies und dann mit sauberem Sand bedecken. Mit Leitungswasser auffüllen und eine Nacht stehen lassen. Am nächsten Tag etwas Froschlaich mit Teichwasser und Algen hinzugeben. Mit der Unterwasserlupe beobachten, was geschieht. Nach ein paar Tagen die Kaulquappen mit etwas klein gehacktem Salat oder Trockenfutter für Fische füttern. Sobald die Kaulquappen Hinterbeine bekommen, müssen sie zum Teich gebracht werden.

Welcher Vogel singt denn hier?

Vögel singen nicht, weil sie gute Laune haben. Ihr Gezwitscher und Geträller erfüllt verschiedene Aufgaben. Die Vogelmännchen zwitschern laut, um ihr persönliches Revier zu kennzeichnen, sich bei Gefahr zu verteidigen oder ein Weibchen anzulocken. Mitunter ertönen jedoch nur einzelne Töne oder Rufe, die auf besondere Ereignisse oder Gefahren aufmerksam machen. Mit etwas Geduld, Ruhe und Übung können die Kinder schon bald die ersten Vogelstimmen erkennen und vielleicht sogar nachahmen. Bei einem Waldspaziergang achten sie auf die Signale der Tiere. Von wem stammen sie? Wie klingen sie?

Womit bauen Vögel ihre Nester?

Bei Standvögeln dauert der Nestbau zwei bis drei Wochen, während Zugvögel ihr altes Nest oftmals nur ausbessern. Die meisten Vögel gehen beim Nestbau sehr unauffällig vor, damit sie ihren Platz nicht schon bei den Vorbereitungen verraten. Dennoch lässt sich herausfinden, welche Vögel sich welches Material zum Bau ihrer Nester holen. Als Bau- und Nistmaterialien verwenden sie Schlamm, Stroh,

Stängel, Haare, Moos, Federn sowie Naturbast, Seidenpapierstreifen und Schafswolle. Diese Nistmaterialien in der Nähe von Nistkästen oder an einem Ast aufhängen und die Vögel beim Zusammentragen der Materialien beobachten.

Wo bauen die Vögel ihre Nester?

Um ihre Eier zu legen und auszubrüten, brauchen Vögel einen sicheren Ort, der sie vor Hitze, Kälte, Nässe und Nesträubern schützt. Guten Schutz bieten versteckte und getarnte Nester. So nisten Buchfinken immer auf Bäumen, Spechte in Höhlen und Schwalben unter Dachbalken oder in Mauernischen. Einige Vögel nutzen aber auch Nistkästen. Wie viele Nester entdecken die Kinder in ihrer Umgebung?

Wohin fliegt der Maikäfer?

Das Maikäferweibchen legt etwa 70 Eier ungefähr 20 Zentimeter tief in die Erde. Aus diesen Eiern schlüpfen Engerlinge, die drei bis fünf Jahre unter der Erde leben und sich von Pflanzenwurzeln ernähren. Im August verpuppen sich die Engerlinge. Die geschlüpften Käfer bleiben im Winter in der Erde und kommen erst im Frühling heraus, um die jungen Blätter von Eichen, Buchen, Ahorn- und Obstbäumen zu fressen.

Interessant ist es für die Kinder, den Abflug eines Maikäfer zu beobachten: Erst pumpt er Luft in seine feinen Atemröhrchen (Tracheen), die seinen ganzen Körper durchziehen. Aufgeblasen wie ein Luftballon fliegt er brummend los, kreist um die Bäume und beschnuppert das Laub mit seinen Fühlern. Übrigens lässt sich an den Fühlern genau erkennen, ob es sich um ein Männchen (7 Blättchen) oder um ein Weibchen (6 Blättchen) handelt.

Jedes Jahr startet die Naturschutzjugend (NAJU) im NABU (Naturschutzbund) ihre Kampagne Erlebter Frühling, bei der alle Kinder in Deutschland zwischen 6 und 13 Jahren mitmachen dürfen. Infomaterial unter folgender Adresse: NAJU Bundesgeschäftsstelle, Herbert-Rabius-Str. 26, 53225 Bonn.

2.3 Kräuter- und Sprossenküche

Besonders viel Freude bereitet es den Kindern, wenn sie einen Frühlingsgarten auf der Fensterbank oder im Freien anlegen dürfen. Begeistert füllen sie kleine Schalen und Töpfe mit Blumenerde, säen Gemüsesamen aus, gießen verantwortungsvoll die heranwachsenden Pflanzen, beobachten ihre Entwicklung und ernten stolz die ersten Kräuter. Auch in der freien Natur finden die Kinder viele Wildpflanzen, aus denen sie leckere Salate und Suppen zubereiten können.

Buchen-Butterbrot

Frische, junge Buchenblätter in kleine Streifen schneiden und aufs Butterbrot legen. Natürlich schmecken die klein gehackten Blätter auch, wenn sie wie Petersilie auf ein Quarkbrot oder eine Salatbeilage gestreut werden.

Kräuterblech

Zutaten: 8 Eier, 3 Esslöffel Milch, verschiedene Kräuter, Öl

Zubereitung: Eier mit der Milch verquirlen. Verschiedene klein gehackte Kräuter unterrühren. Backblech mit Öl einfetten. Die verquirlten Eier auf das Blech gießen und im vorgeheizten Backofen (etwa 200 Grad) auf der oberen Schiene 10 bis 15 Minuten backen. In Stücke schneiden und zu Brot oder Pellkartoffeln servieren.

Löwenzahnsalat mit Eiern

Zutaten: 8 Handvoll Löwenzahnblätter, 4 Eier, 2 Esslöffel Distelöl, 2 Esslöffel frisch gepresster Zitronensaft, 1 Esslöffel Mineralwasser, je eine Prise Salz und Pfeffer, 1 Teelöffel Senf

Zubereitung: Eier 10 Minuten kochen, abkühlen lassen und anschließend vierteln. Löwenzahnblätter waschen und zerrupfen. Mit den Eiern in eine Schüssel geben. Öl, Zitronensaft, Wasser, Senf, Salz und Pfeffer mit dem Schneebesen verrühren. Über den Löwenzahnsalat geben und alles gut mischen. Am besten schmeckt der Salat mit frischem Brot.

Kräutermäuschen

Zutaten: 250 Gramm Weizenmehl, 4 Eier, 1/2 Tasse Milch, 1 Prise Salz, Petersilie, Salbei, Pfefferminze und Basilikum, 100 Gramm Margarine, Zucker und Zimt oder Pfeffer und Paprika

Zubereitung: Aus Mehl, Eiern, Milch und Salz einen dicken Pfannkuchenteig herstellen. Petersilie, Salbei, Pfefferminze und Basilikum waschen. Am Stiel einzeln in den dicken Teig tauchen, sofort in heißer Margarine ausbacken und den Stielen servieren. Besonders gut schmecken die Kräutermäuschen mit Zucker und Zimt oder mit Pfeffer und Paprika.

Maibowle

Zutaten: 1 Sträußchen Waldmeister, 1 Flasche Mineralwasser, 2 Liter Apfelsaft

Zubereitung: Ein Sträußchen frischen Waldmeister 24 Stunden im Apfelsaft ziehen lassen. Mit gekühltem Mineralwasser auffüllen und servieren.

Löwenzahnhonig

Zutaten: 120 bis 150 Löwenzahnblüten,1 Zitrone, 1 Kilo Zucker, 1 Liter Wasser, leere Marmeladengläser

Zubereitung: Zitrone in Scheiben schneiden. Mit Wasser und Löwenzahnblüten in einen Topf geben, 1/2 bis 1 Stunde kochen, abseihen. Zucker in den Saft einrühren und nochmals 1 1/2 bis 2 Stunden kochen lassen, dann in Gläser füllen.

Frühlingskartoffelsalat

Zutaten: 8 mittelgroße Kartoffeln, 1 Frühlingszwiebel, 1 saurer Apfel, 1 Tasse Linsensprossen, 8 Esslöffel Gemüsebrühe, 4 Esslöffel Obstessig, 2 Esslöffel Öl, Pfeffer, Salz

Zubereitung: Kartoffeln waschen, kochen, pellen und zerschneiden. Frühlingszwiebel putzen und in Scheiben schneiden. Apfel schälen, in Würfel schneiden. Alles in einer Schüssel vermischen, abgespülte und abgetropfte Linsensprossen und Frühlingszwiebelringe dazugeben. Warme Gemüsebrühe mit Essig, Öl, Pfeffer und Salz verrühren, über den Salat geben und gut vermischen.

2.4 Der Kuckuck ruft aus dem Wald

Endlich kann die Frühlingssonne ihre warmen Strahlen ungehindert ausschicken und können die Kinder wieder längere Zeit im Freien toben. Um direkt auf dem Waldboden oder der Wiese zu spielen, ist es jedoch noch zu kalt.

Die gold'ne Brücke

Spieler/innen: beliebig
Spielverlauf: Zwei Spieler verabreden, wer von ihnen der Frühling und wer der Winter sein soll. Sie fassen sich an den Händen und heben sie so in die Höhe, dass eine Brücke entsteht. Die anderen Spieler ziehen darunter hindurch und singen nach einer Leiermelodie:

Zieht alle durch, zieht alle durch,
durch die gold'ne Brücke!
Sie ist entzwei, sie ist entzwei,
wir woll'n sie wieder flicken!
Der erste, der zweite, der letzte muss gefangen sein!

Beim letzten Spieler senken Frühling und Winter ihre Arme. Sie fragen das gefangene Kind: „*Frühling oder Winter?*" Je nach Antwort stellt es sich hinter Frühling oder Winter. Sind alle Mitspieler in zwei Gruppen aufgeteilt, werden die Frühlingskinder auf der Brücke geschaukelt. Dabei sagen sie: „*Der Frühling, der wird geschaukelt, geschaukelt, bis in den Himmel hinein.*" Die Winterkinder stellen sich in die Mitte der Brücke und werden nun kräftig hin und her geschüttelt. Alle rufen dabei: „*Der Winter, der wird gerüttelt, geschüttelt und zum Teufel gejagt.*"

Ein Hase wollte Hochzeit feiern

Material: Requisiten für Hasenohren, Fuchsschwanz, kleine Ostereier
SpielerInnen: beliebig
Spielverlauf: Jeder Mitspieler erhält eine Rolle aus dem Liedtext und die passenden Requisiten. Alle Mitwirkenden singen und klatschen nach der Melodie von *„Ein Vogel wollte Hochzeit halten"*. Nach Belieben können weitere Strophen ergänzt werden. Das Spiel kann auch vor Zuschauern aufgeführt werden.

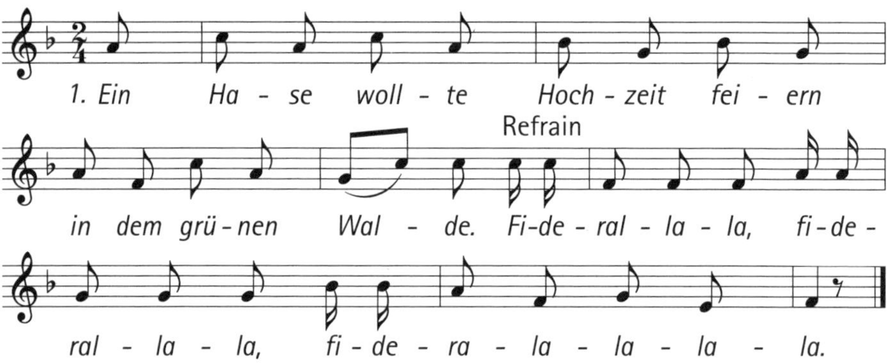

2. *Der Feldhas war der Bräutigam,*
Kaninchen war die Braute.

3. *Der Schmetterling, der Schmetterling,*
der bracht der Braut den Ehering.

4. *Die Lerche, die Lerche,*
die sang dann in der Kerche.

5. *Das weiße Lamm, das weiße Lamm,*
das blies auf seinem breiten Kamm.

6. *Der Fuchs mit seinem roten Schwanz,*
der führt die Braut zum Hochzeitstanz.

7. *Die Hennen und die Küken,*
die mussten Stühle rücken.

8. *Die Finken und die Meisen,*
die brachten leckre Speisen.

9. *Der Osterhas kam auch vorbei,*
und schenkte euch ein Osterei.

10. *Die Rehlein sagten: „Gute Nacht!",*
dann wurd das Waldhaus zugemacht.

11. *Nun war die Hasenhochzeit aus*
Und alles ging vergnügt nach Haus.

Im Frühlingsgarten

Material: 1 Spielfeld, 1 Würfel, 10 Ereigniskarten, 5 gekochte Eier, mindestens 5 verschiedene Gemüsesorten, 1 Schüssel, 1 Küchenmesser, 1 Schneidbrett, Filzstifte
Spieler/innen: 4 bis 6
Spielverlauf: In einem großen Raum werden etwa 30 gelbe (Sonne), graue (Wolke), und grüne (Ereignisfeld) Reifen oder Teppichfliesen ausgelegt. Die Mitspieler sind die Hasen. In der Mitte des Frühlingsgartens stehen die Schüsseln mit dem gewaschenen Gemüse und den gekochten Eiern. Daneben liegen die Ereigniskarten. Am Rande des Spielfeldes befindet sich ein Tisch. Darauf liegen ein Schneidbrett und ein Messer. Die Spieler würfeln und bewegen sich entsprechend der Würfelpunkte. Auf den gelben Sonnenfeldern dürfen sie sich in die Sonne legen und eine Runde aussetzen. Auf den grauen Wolkenfeldern suchen sie einen Unterschlupf und gehen zwei Felder zurück. Auf einem grünen Ereignisfeld zieht der Mitspieler eine Aufgabenkarte und reicht sie der Spielleiterin. Diese liest die Aufgabe vor und kontrolliert deren Ausführung:

- Benenne die Gemüsearten, die in der Schüssel liegen.
- Hüpfe wie ein Hase um den Frühlingsgarten herum.
- Sag einem Mitspieler etwas Nettes.
- Sing ein Frühlingslied.
- Nenne drei Frühlingsblumen.
- Deine Mitspieler schließen die Augen. Nimm ein Gemüse aus der Schüssel und verstecke es hinter deinem Rücken. Alle öffnen die Augen und raten, welches Gemüse fehlt.
- Nenne eine Vogelart, die wir in unserem Frühlingsgarten beobachten können.
- Nimm ein Gemüsestück und schneide es klein. Gib jedem deiner Mitspieler ein Stück.
- Der erste Hase im Ziel darf einen Menüvorschlag machen, den alle gemeinsam mit dem restlichen Gemüse und den Eiern zubereiten.

2.5 Gackerhühner und Vogelnester

Weidentipi

Material: etwa 30 Äste einer Weide (3 bis 3,5 Meter Länge), 8 bis 10 Bund Flechtmaterial (1 bis 2 Zentimeter), Hanf-, Sisal- oder Kokosschnur

Herstellung: Einen kreisförmigen, spatenbreiten Pflanzgraben mit einem Durchmesser von 2 bis 3 Meter und einer Tiefe von 50 bis 70 Zentimeter ausheben. Die Grasnarbe zur Seite legen. Für das Grundgerüst vier lange Äste mit einer verwitterungsfähigen Hanf-, Kokos- oder Sisalschnur am oberen Ende fest zusammenbinden. Alle überstehenden, dicken Äste knapp über den Gerüststangen abschneiden, damit keine Verletzungsgefahr entsteht. Das Flechtmaterial zusammen mit dünneren Ruten wie beim Weben gegengleich in das Gerüst einflechten. Das Flechtwerk immer wieder dicht zusammenschieben. Den Eingang mit einem Weidenrutenbogen andeuten und mit Schnüren am Gerüst befestigen. Für die Fenster Weidenruten kreisförmig zusammenbinden. Das Tipi in den Wochen nach der Pflanzung täglich ausgiebig gießen und in den nächsten Jahren regelmäßig schneiden.

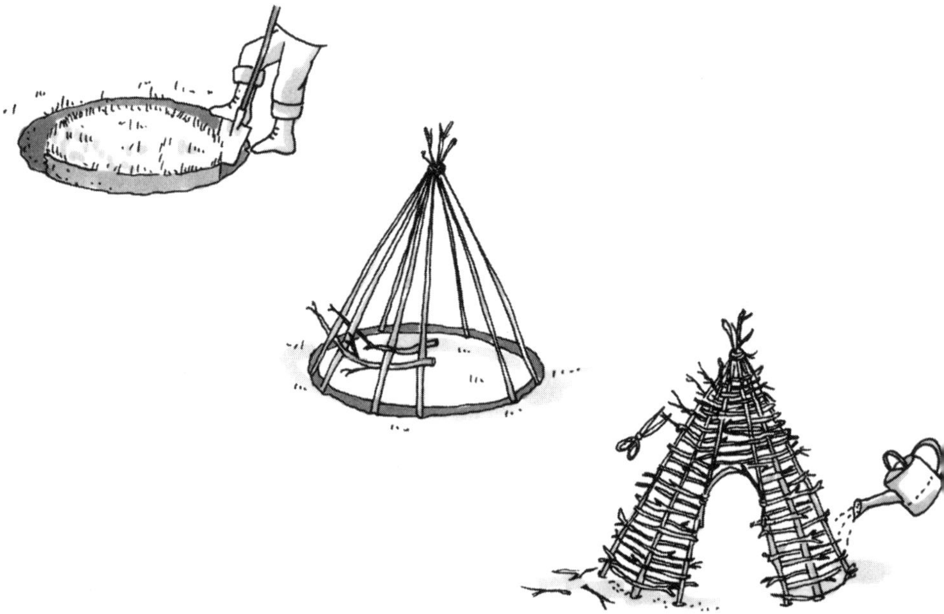

Brumm-Maikäfer

Material: Luftballon, Korken, Papier, Farbstifte, Schere, Kleber, dünne Schnur, Schaschlikstäbchen (etwa 15 Zentimeter Länge)
Herstellung: Einen Maikäfer auf Vorder- und Rückseite des gefalteten Papiers malen. Die Umrisse ausschneiden, aufeinander legen und zusammenkleben. Entlang der Falzlinie ein Schaschlikstäbchen so einlegen, dass die Spitzen etwa 2 Zentimeter herausschauen. Vom Korken 1 Zentimeter abschneiden. Die Scheibe halbieren. Je eine Hälfte auf ein Ende vom Schaschlikspieß stecken. Aus dem Luftballon einen Streifen zuschneiden und über die Korkenteile spannen. Zuletzt am Kopf des Brummmaikäfers eine Schnur befestigen. Beim Herumschleudern kommt die Gummisaite so ins Schwingen, dass sie einen Brummton erzeugt. Manche Maikäfer brummeln sogar zweistimmig.
Variante: Bienen, Wespen oder Hummeln gestalten.

Vogelnest

Material: 1 Luftballon, Transparentpapier, Tapetenkleister, Papiermesser
Herstellung: Den Luftballon aufblasen. Das Transparentpapier in kleine Schnipsel reißen. Mit Kleister vier bis fünf Lagen auf den Ballon kleben. Etwa zwei Tage gut trocknen lassen. Den Ballon mit einem Papiermesser in zwei Hälften schneiden und die Luftballonreste entfernen. Die Vogelnester nach Belieben füllen.

Maienkränzchen

Material: Krepppapier in vier Frühlingsfarben (90 Zentimeter Länge), Tacker, Schere
Herstellung: Krepppapier in 6 bis 10 Zentimeter breite Streifen schneiden, zweimal der Länge nach auf die Hälfte zusammenfalten und an einem Ende zusammentackern. Ein Kind hält das Ende fest. Ein zweites Kind breitet die vier Streifen nebeneinander aus und beginnt mit dem ersten Streifen an der linken Seite zu flechten: Den ersten Streifen beinahe waagerecht über den zweiten, unter den dritten und wieder über den vierten Streifen legen, dann lose an der rechten Seite herabhängen lassen. Mit den nächsten drei Farbstreifen geht es genauso weiter. Sobald der Viererzopf etwa 50 Zentimeter lang ist, alle Streifen bündeln und mit dem Anfangsstück zusammentackern. Die vier herabhängenden Enden in schmale Streifen schneiden, damit sie im Wind flattern können.

2.6 Frühlingsspuren im Kindergarten

Material: Schnecke als Handspielpuppe, Flöte, bunte Tücher, Kassettenrecorder, Tonträger mit Umweltgeräuschen, Karton mit Nistmaterialien (siehe Seite 43)
Spielzeit: ca. 45 Minuten
Spieler/innen: ab 12
Spielleitung: 1 Spielleiterin
Vorbereitung und Spielverlauf: Spiele und Lieder sollten mit den Kindern vor der Durchführung der Spielkette einzeln erarbeitet werden oder bekannt sein. Die Spielleiterin führt die Kinder mithilfe der Handpuppe durchs Spiel.

Rätselhafte Begegnung

Spielleiterin: *Als ich am Morgen das Kindergartentor öffnete, begegnete mir ein merkwürdiges Tier. Erratet ihr, welches Tier das wohl war?*

Ich kenn ein braunes Haus.
Ein Tier mit Hörnern schaut heraus.
Das nimmt bei jedem Schritt
sein Häuschen auf dem Rücken mit.
Doch rührst du an die Hörner fein,
schlüpft es geschwind ins Haus hinein.
Was für ein Tier mag das wohl sein?

Wo ist Frau Schnecke?

Spielleiterin: *Irgendwo muss Frau Schnecke noch sein. Wir erkennen sie an ihrem Haus, das immer schief auf ihrem Rücken sitzt. Am besten finden wir sie, wenn wir uns alle in Schnecken verwandeln. Wir legen uns auf den Bauch und ziehen uns mit den Unterarmen nach vorne. Wenn sich eine Schnecke erschreckt, rollt sie sich ein. Dabei werden die Knie angezogen, der Rücken gerundet und die Arme über den Kopf gelegt.*
Nach ein paar Bewegungsübungen singen alle das Schneckenlied und machen sich auf die Suche.

Erste Begegnung mit Frau Schnecke

Die Spielleiterin führt die Handpuppe mit einem Dialog ein.
Spielleiterin: *Frau Schnecke, endlich haben wir Sie gefunden. Sie brauchen vor uns keine Angst zu haben. Können wir etwas für Sie tun?*
Schnecke: *Ja, ich suche die Wiese mit den Frühlingsblumen.*
Spielleiterin: *Sie stehen direkt davor.*
Schnecke: *Ich sehe aber keine Blumen.*
Spielleiterin: *Sie sind noch unter der Erde.*

Kleines Frühlingslied

Text und Melodie von Christa Zeuch aus „*Lisa, Lolle, Lachmusik*". Arena 1987.

Die Kinder hocken mit einem bunten Tuch in der Hand auf dem Boden und singen das Frühlingslied. In der 1. Strophe reckt ein Kind den Kopf, steht langsam auf und streckt die Arme mit dem Tuch. In der 2. Strophe streicht es sein Tuch über die anderen Mitspieler, die sich ebenfalls langsam erheben. Die Spielleiterin spielt einige Töne auf einer Flöte. Alle schwenken ihre Tücher, bilden einen Kreis und tanzen.

2. *Schick auch deine Schwestern vor,*
   alle hübschen bunten.
   Sonne steht am Wolkentor,
   lacht und winkt nach unten.

3. *Zieht die schönsten Kleider an,*
   Blüht jetzt auf, ihr Pflanzen!
   Amsel ist der Flötenmann!
   Wind geht mit euch tanzen!

4. *Rechts und links und rundherum*
   Tanzt und schunkelt kräftig!
   Wind, knick keine Blume um,
   Treib's nicht ganz so heftig!

Frau Schnecke und die Blumen

Spielleiterin: *Nun sind alle Frühlingsblumen erwacht. Riechen Sie die süßen Düfte der Blumen, Frau Schnecke?*
Schnecke: *Nein, aber ich werde sie gleich schmecken. Frische Blumenknospen mag ich nämlich am liebsten.*
Spielleiterin: *Nein, Frau Schnecke, Sie können doch nicht unsere schönen Blumen auffressen.*

Wie heißt du?

Ein Kind verlässt den Raum. Die anderen Kinder sitzen im Stuhlkreis und wählen einen Mitspieler aus, der Frau Schnecke spielen darf. Das Kind wird wieder hereingerufen und begrüßt jeden reihum mit der Frage: *„Guten Tag, wie heißt du?"* Daraufhin nennt jeder Spieler den Namen einer Frühlingsblume. Kommt er zu Frau Schnecke springen alle auf und suchen sich einen neuen Sitzplatz – auch der Spieler in der Kreismitte. Wer keinen Platz gefunden hat, spielt in der nächsten Runde die neue Frau Schnecke.

Wer ist der stachlige Gast?

Dort hinten zwischen den Osterglocken sitzt noch jemand, der die Kinder besuchen möchte. Erraten die Kinder, wer das sein könnte?

Ich hab ein stachliges Gehäuse.
Ich fange Schlangen, ich fange Mäuse.
Und rührt unsanft ein Mensch mich an,
so ball ich mich zur Kugel dann,
und wird mit meinen scharfen Spitzen,
die allzu frechen Finger ritzen.

Spielleiterin: *Ihr habt richtig geraten, ein Igel kommt uns besuchen.*
Schnecke: *Oh, da muss ich aber schnell verschwinden, denn Igel fressen nicht nur Mäuse, sondern auch gerne Schnecken. Tschüss bis bald.*

Hörspaziergang

Spielleiterin: *Jetzt sind also auch der Igel und seine Frau aus dem Winterschlaf erwacht. Haben wir sie etwa geweckt? ... Möglich wäre das schon, denn um uns herum sind sehr viele Geräusche. Seid einmal ganz leise und horcht!*
Zuerst lauschen die Kinder auf die Geräusche in ihrer unmittelbaren Umgebung. Dann werden Geräusche von einem Kassettenrekorder abgespielt, die vorher auf einem Frühlingsspaziergang aufgenommen wurden. Wissen noch alle Spaziergänger, wo das Geräusch aufgenommen wurde und welches es ist? Kennen die Kinder noch andere Vogelarten, die jetzt im Frühling zu beobachten sind?

Tanz der Igel

Die Kinder sitzen im Kreis. Sie singen gemeinsam das Igellied und bewegen sich passend zum Text. Zu Beginn der 1. Strophe hockt ein Kind und spielt den Igel. In der Hocke geht es auf die Mitspieler zu und sticht sie mit dem Finger. In der 2. Strophe wählt der Igel seine Igelfrau. Beide haken sich ein und drehen sich. Das Spiel kann mit anderer Besetzung beliebig wiederholt werden.

2. *Die Igelfrau ist grade so, ganz rundherum,*
hat Stacheln da und sonst noch wo, ganz rundherum;
sie spricht zu ihm, er spricht zu ihr:
„Gut zueinander passen wir, ganz rundherum!"

Der Osterhase kommt

Spielerleiterin: *Was für ein schöner Tag, Frau Schnecke. Endlich ist der Frühling angekommen. Bald müsste auch der Osterhase. eintreffen.*
Schnecke: *Ja, da sollten wir am besten gleich mal zu den Kindern gehen.*

Osterei verstecken

Material: 1 Deko-Osterei, 1 Körbchen
Spieler/innen: beliebig
Spielverlauf: Die Kinder sitzen im Kreis. Ein Kind sitzt in der Kreismitte. Es spielt den Osterhasen. Vor ihm steht ein kleiner Korb mit einem Osterei. Alle anderen Kinder schließen ihre Augen und sprechen folgenden Vers, zu dem der Osterhase die passenden Bewegungen ausführt:

Unterm Baum im grünen Gras
Sitzt ein kleiner Osterhas'!
Putzt den Bart und spitzt das Ohr,
macht ein Männchen, guckt hervor.
Springt dann über Stock und Stein.
Wo mag denn nun das Ei wohl sein?

Danach wählt der Osterhase einen Mitspieler aus, der den Korb suchen und in der nächsten Spielrunde den Osterhasen spielen darf.

Ein Vogelschwarm kommt

Die Spieler stehen im Kreis. Vor ihnen ist ein Stuhlkreis aufgebaut. Für ein Kind gibt es jedoch keinen Stuhl. Jeweils vier Spieler wählen eine Vogelart wie Meisen, Stare, Buchfinken, Rotkehlchen oder Spatzen. Die Spielleiterin stellt sich in die Mitte. Sobald sie *„Alle Meisen und Spatzen wechseln ihre Plätze!"* ruft, müssen diese ihre Plätze tauschen und sich auf einen Stuhl setzen. Allerdings versuchen auch die übrigen Mitspieler einen freien Sitzplatz zu ergattern. Der Spieler, der keinen Platz findet, gibt das Kommando für die neue Spielrunde. Beim Ruf *„Die Katze kommt!"* müssen alle Spieler ihre Plätze tauschen.

Frau Meise

Ellenbogen der linken Hand aufstellen, Finger spreizen (Baum), die rechte Hand spielt die Meise und die Katze und führt die Bewegungen zum Text aus.

In den Zweigen turnt Frau Meise,
sucht sich ihre Morgenspeise.
Putzt sich, labt sich, hebt die Schwingen,
muss den Kindern Futter bringen.
Katze schleicht auf leisen Beinen
Und die kleinen Meisen weinen.
Mutter Meise hört's voll Schrecken.
Werden sie sich gut verstecken?
Alle sind gesund, zi-wied,
singen froh ihr erstes Lied: Piep, piep.

Frau Schnecke braucht Hilfe

Spielleiterin: *Seid mal ganz leise. Ich glaube, da hat jemand um Hilfe gerufen.*
Schnecke: *Hilfe, Hilfe!*
Spielleiterin: *Ist das nicht Frau Schnecke? Kommt wir schauen einmal, wo sie ist?* (Kinder suchen und finden die Schnecke in einem Kasten mit Materialien zum Nestbau.) *Ja, wohin haben Sie sich denn verirrt, Frau Schnecke?*
Schnecke: *Ein Glück, das mich jemand gehört hat. Ich bin hier ganz eingeklemmt? Helft mir bitte schnell.*
Spielleiterin: *Ja, Kinder könnt ihr euch vorstellen, wofür diese Materialien gebraucht werden?* (Kinder überlegen.) *Ja, genau. Die Vögel bauen daraus ihre Nester. Jetzt müssen wir uns ganz schnell von Ihnen verabschieden, Frau Schnecke. Denn in unserem Frühlingsgarten wartet noch viel Arbeit auf uns.*
Schnecke: *Ja, dann bis bald. Könnt ihr mir nicht noch einmal zum Abschied das wunderbare Lied von den leckeren Frühlingsblumen singen?*
Die Kinder erfüllen der Schnecke ihren Wunsch und singen ein „*Kleines Frühlingslied*" (siehe Seite 53).

SOMMER

Nach dem astronomischen Kalender beginnt der Sommer mit der Sommersonnenwende um den 21./ 22. Juni, wenn die Sonne auf ihrer Bahn den größten Winkel zum Himmelsäquator bildet und so ihren höchsten Stand erreicht. In vorchristlicher Zeit feierten die Menschen die kürzeste Nacht des Jahres mit vielerlei Feuerbräuchen, die teilweise bis heute erhalten blieben. Seit der Christianisierung Europas werden diese heidnischen Mittsommernachtsfeste allerdings einige Tage später in abgewandelter Form und mit christlichen Bezügen gefeiert. Jetzt feiern die Menschen am 24. Juni den Geburtstag von Johannes dem Täufer und tanzen um ein großes Johannisfeuer. Nach dem Johannistag werden die Nächte wieder länger und die Tage kürzer, bis sie in der Nacht der Wintersonnenwende gleich lang sind.
Der meteorologische Sommer dauert vom 1. Juni bis 30. August. In der ersten Junihälfte sorgt kühle Polarluft oftmals für einen kleinen Kälteeinbruch, die so genannte Schafskälte. An diesen kühlen, wechselhaften und oft auch regenreichen Tagen frieren die bereits geschorenen Schafe so sehr, dass diese ungewöhnliche Wetterlage diesen Tieren ihren Namen verdankt.
Wenige Wochen später folgt der Siebenschläfer am 27. Juni. Nach einer alten Bauernregel zeigt dieser Tag die Großwetterlage der nächsten sieben Wochen an. Seinen Namen verdankt der Siebenschläfertag nicht der gleichnamigen Schlafmaus, sondern einer alten Legende aus der Zeit der Christenverfolgung. Im Jahre 251 versteckten sich sieben Brüder in einer Höhle bei Ephesus (heutige Westtürkei). Als sie in dieser Höhle eingemauert wurden, fielen sie in tiefen Schlaf und erwachten erst 200 Jahre später bei ihrer Befreiung am 27. Juni 446.
Im Juli und August dürfen wir uns auf die wärmsten Tage des Jahres freuen. In dieser hochsommerlichen Zeit steht die Sonne nahe bei Sirius, der im Sternbild des Großen Hundes als so genannter Hundsstern am hellsten leuchtet. Da Sirius nur vom 23. Juli bis 23. August sichtbar ist, bezeichnen wir diese Tage als Hundstage. Hochsommerliche Temperaturen, schwülwarme Luft, kräftige Sonneneinstrahlung und fallender Luftdruck kündigen oftmals ein kräftiges Sommergewitter an. Zeigen sich nach einer klaren Nacht kleine Wölkchen am Morgenhimmel, die wie Burgzinnen aneinander gereiht sind, gewittert es meist noch am gleichen Tag. Ballen sich die Wolke zu riesigen Blumenkohlwolken zusammen, bringt das bevorstehende Gewitter nicht nur Regengüsse, sondern auch Hagel, Sturmböen, Blitz und Donner. Ein typisches Sommergewitter erstreckt sich über mehrere Kilometer und dauert etwa eine Stunde. Manchmal treffen mehrere Gewitter zusammen und brechen nacheinander aus.

- **10. Juni** – Beginn der Schafskälte.
- **20. Juni** – Ende der Schafskälte.
- **21. / 22. Juni** – Sommersonnenwende, Sommeranfang.
- **24. Juni** – Johannistag, Geburtstag Johannes.
- **27. Juni** – Siebenschläfer.

- **24. Juli** – Beginn der Hundstage.
- **25. Juli** – Jakobitag – Beginn der Erntezeit.
- **10. August** – Laurentius – Sternschnuppenregen (Laurentiustränen).
- **15. August** – Maria Himmelfahrt, Kräuterweihe.
- **24. August** – Bartholomäustag, Ende der Hundstage Erntefeste.

3.1 Frau Sonne auf ihrer Sommerwanderung

Geschichte zum Sommeranfang

Zur Vorbereitung und Umsetzung der Jahreszeit-Geschichte siehe Seite 35.

Heute ist der 21. Juni, Sommeranfang. Für Frau Sonne ist dies der längste Arbeitstag des Jahres. Wie gewöhnlich steht Frau Sonne im Osten auf und zieht ihr knallrotes Kleid an. Schon um fünf Uhr zeigt sie sich in der Morgendämmerung. Sie schickt ihre ersten Strahlen auf die große Wiese am Waldrand, wo sich die Pusteblumen des Löwenzahns im Wind wiegen und ihre fliegenden Fallschirmchen mit den Samen im Gepäck auf die Reise gehen. „Rühr mich nicht an, rühr mich nicht an! Meine Samen sind noch nicht reif!", mahnt das Springkraut den warmen Sommerwind.

Doch nicht nur Frau Sonne hat mit ihrer Arbeit begonnen. Auch unzählige Raupen des Tagpfauenauges sind bereits unterwegs, um sich an frischen Brennnesseln und Baumblättern satt zu fressen. „Guten Appetit, kleine Raupe! Aber pass auf, dass du dir nicht den Magen verdirbst!", ruft Frau Sonne. Doch die Raupe scheint sie nicht zu hören und schmatzt genüsslich weiter.

Frau Sonne wandert weiter. Unterwegs trifft sie Schmetterlinge, Bienen, Flugwespen, Hummeln und viele andere Insekten, die gerade vom roten Klatschmohn, der hellblauen Wegwarte und der süßen Lindenblüte naschen. Auch Großfamilie Kaninchen hat sich mit all ihren 18 Kindern auf der duftenden Waldwiese zum Picknick eingestellt. Aber was macht denn Mutter Fuchs mit ihren fünf Kindern hier? Schnell kitzelt Frau Sonne die Füchse mit ihren Sonnenstrahlen, sodass sie sich gleich in ihren Fuchsbau zurückziehen.

Langsam wird es Mittag. Frau Sonne steht hoch am Himmel und döst träge vor sich hin. Es ist so heiß, dass der Frosch mit einem Satz unter ein schattiges Blatt springt. Die angenehme Kühle hält seine Haut schön feucht. Auch die Schnecke lässt sich nicht blicken. Sie hat ihr Haus mit einer feinen Klebeschicht verschlossen. Nur die Bienen fliegen unermüdlich umher, holen Wasser aus dem kalten Waldsee, bringen es zu ihrem Bienenstock und tropfen es auf das Wachs, damit es in der Mittagssonne nicht schmilzt.

Doch plötzlich ist es mit der Mittagsruhe vorbei. Große und kleine Menschen kommen lachend zur Wiese am Waldsee. Sie machen ein Picknick. Einige spielen Ball,

Fangen und Verstecken. Andere suchen Himbeeren und sammeln Brennmaterial für das Johannisfeuer, das sie heute Abend anzünden wollen.
Gerne würde Frau Sonne bei den fröhlichen Menschen bleiben, doch sie ist schon ziemlich weit im Westen angekommen. Noch einmal schickt sie ihre Strahlen über den See und verwandelt die Wasseroberfläche in einen glänzenden Spiegel. Die Menschen sind davon so geblendet, dass sie ihre Sonnenbrillen aufsetzen müssen.
Bevor Frau Sonne wie ein großer roter Ball am Horizont versinkt, streichelt sie ein letztes Mal den Himmel. Obwohl sie nicht mehr zu sehen ist, wird es heute nicht so richtig dunkel. Ihr Freund, Herr Mond, hat nämlich ordentlich zugenommen und hängt ungewöhnlich tief am Himmel. „Hallo Frau Sonne, möchtest du mich zur Milchstraße begleiten?", fragt er. „Vielleicht treffen wir da mal wieder Jupiter und Venus?" „Ich bin müde. Geh ohne mich!", gähnt Frau Sonne. „Schade," antwortet Herr Mond und wünscht ihr zum Abschied eine gute Nacht.

Bildbetrachtung

Das frühsommerliche Bild *Die Heuernte* (um 1565) gehört zu einem Jahreszeiten- oder Monatszyklus von Pieter Bruegel dem Älteren. Neben diesem Werk sind aus dieser Reihe noch weitere vier Gemälde erhalten: *Der düstere Tag* (Januar oder Februar), *Die Kornernte* (Spätsommer), *Die Heimkehr der Herde* (vermutlich November), *Die Jäger im Schnee* (Winter). Alle Motive sind in diversen Kunstbänden zu finden.

- Welche Jahreszeit / welchen Monat hat Pieter Bruegel hier gemalt?
- Wie heißen die anderen Jahreszeiten / Monate des Jahres?
- Wie sind die Menschen gekleidet? Was tun sie?
- Welche Arbeitsgeräte haben sie benutzt?
- Hast du schon einmal bei einer Heuernte zugesehen oder geholfen?

* Welche wichtigen Details entdeckst du noch auf dem Bild?
* Welche Stimmung drückt das Bild aus, traurig oder fröhlich?
* Wie würdest du ein Sommerbild malen?
* Welche Klänge sind in dem Bild versteckt? Wie würdest du das Bild mithilfe deines Körpers vertonen? Welche Rhythmusinstrumente passen dazu?

Vom Korn zum Brot

Im Frühling sät der Bauer die Getreidesamen in die Erde. (Cymbeln)
Sie brauchen viel Regen (Schellen, Rasseln)
und Sonne zum Wachsen. (Glockenspiel)
Im Sommer ist das Getreide reif. (Triangel)
der Mähdrescher mäht es ab (Kettenrassel)
und füllt die Körner in die Säcke. (Rassel)
Der Bauer fährt die Kornsäcke mit dem Traktor zur Mühle, (Holzblocktrommel)
wo der Müller aus den Körnern Mehl macht. (Hände auf der Trommel reiben)
Der Bäcker holt sich das Mehl aus der Mühle. (Schritte nachahmen)
Er mischt Mehl, Salz und Wasser zu einem Teig. (Kugel im Tamburin rollen)
Daraus werden Brötchen, Salzstangen und Brot gemacht. Der Bäcker
muss die ganze Nacht arbeiten, (Kugel im Tamburin rollen, dazwischen Schritte)
damit wir morgens frisches Brot und Gebäck haben.

Bauernregeln

* *Glüh'n Johanniswürmchen helle, schöner Juni ist zur (Stelle).*
* *Regnet's am Siebenschläfertag, so regnet's sieben Wochen (nach).*
* *Regnet es im Juli in den Roggen, bleibt der Weizen auch nicht (trocken)!*
* *Hundstage heiß, Winter lange (weiß).*
* *St. Jakobi klar und rein, wird das Christfest frostig (sein).*
* *Blieb Wärme im August in der Ferne, der September bringt sie nicht (gerne).*
* *Maria Himmelfahrt, das wisse, gibt es schon die ersten (Nüsse).*
* *Wie der Bartholomäustag sich hält, ist der ganze Herbst (bestellt).*

Spielanregung: Die Spielleiterin spricht die Bauernregeln und die Kinder vervollständigen den Endreim.

Die Sommerwiese singt

Text und Melodie von Christa Zeuch aus „*Lisa, Lolle, Lachmusik*". Arena 1987.

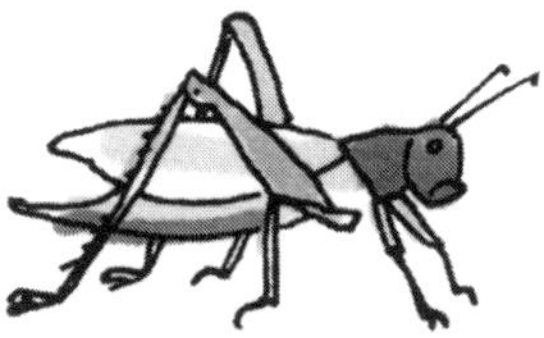

Gläserklavier mit den Tönen: H, G, Fis, A

So „zirpt" während des ganzen Liedes die geschüttelte Streichholzschachtel.

Spielanregung: Die Kinder sitzen auf einer Wiese im Kreis und singen das Lied. Dazu lassen sie ihre Brumm-Maikäfer (siehe Seite 51) schwirren oder/und geschüttelte Streichholzschachteln zirpen.

Die Raupe im Apfel

Aus einem Apfel, oh wie nett,
schaut eine Raupe, dick und fett!
Sie frisst ein Blatt und noch ein Blatt,
bis sie sich sattgefressen hat.
Und ist der Sommer dann vorbei,
dann schläft sie bis zum nächsten Mai!
Chhhhhhhhhhh, chhhhhhh, chhhh …
Ganz langsam kriecht sie nun heraus,
aus ihrem Raupenpuppenhaus.
„So seht," ruft sie, wie ich da drin'
zum Schmetterling geworden bin!",
und breitet ihre Flügel aus,
und fliegt jetzt in die Welt hinaus.

Spielanregung: Linke Hand bildet eine Faust, nur der rechte Zeigefinger schaut hervor. Rechter Zeigefinger frisst auf der linken Handfläche einen Finger nach dem anderen weg. Rechter Zeigefinger kriecht in die linke Faust. Leise schnarchen. Rechter Zeigefinger kriecht aus der linken Faust, beide Daumen liegen nebeneinander. Die anderen Finger fliegen davon.

Wie kommt die Raupe in den Apfel?
Im Frühsommer legt der Apfelwickler, ein kleiner unauffälliger Nachtschmetterling, ein Ei auf den jungen Apfel. Nach einiger Zeit schlüpft daraus eine Raupe und frisst sich durch die Frucht. Dann seilt sie sich wie eine Spinne vom Baum ab, um sich in der Baumrinde einen Platz zum Überwintern zu suchen. Im nächsten Frühjahr ist die Raupe zum Apfelwickler herangewachsen.

3.2 Sommerzeit – Erntezeit

Nach dem phänologischen Kalender beginnt der Sommer mit der Holunderblüte. Auf den Wiesen und Getreidefeldern zeigt die Natur ihre vielfältigen Farbtöne, Formen und Düfte. Überall blühen Kräuter, deren gesundheitliche Wirkungen die Menschen schon seit Jahrtausenden nutzen. Gegen Ende des Frühsommers beginnt die erste Heuernte. Der Hochsommer ist die Zeit der Linden- und Kartoffelblüte. An den Sträuchern der Johannisbeere reifen die Früchte und auf den Feldern das Getreide. Die Blüten des Heidekrauts und der Herbstanemonen läuten die letzte Phase des Sommers ein. Statt Insekten stehen bei zahlreichen Vögeln nun Kirschen, Stachelbeeren, Himbeeren, Brombeeren und andere frühe Obstsorten auf dem Speiseplan, ehe sich der Spätsommer mit einer letzten Heuernte langsam zurückzieht.

Was ist Heu?

Heu ist getrocknetes Gras, das in den Wintermonaten an Pferde, Rinder und Schafe als Grünfutter verfüttert wird. Je nach Jahreszeit und Region enthält das Heu neben verschiedenen Gräsern auch Wiesenkräuter, Raps, Klee und Luzerne. Pro Sommer sind drei bis vier Heuernten möglich. Bei der maschinellen Ernte wird eine spezielle Mähmaschine mit beweglichen Messern an den Traktor gehängt. Damit das frisch geschnittene Gras in den folgenden Tagen gut trocknet, muss es mit einer Heuwendemaschine mehrfach gewendet werden – ist das Heu nicht richtig trocken, beginnt es zu schimmeln und darf nicht verfüttert werden. Nach einigen Tagen nimmt eine Bindemaschine das Heu auf und presst es zu Ballen. Eingelagert wird das frische Heu in der Scheune. Da im Heu viel Wärme entsteht, kann es sich auch ohne offenes Feuer leicht entzünden und muss daher regelmäßig gut durchlüftet werden.

- Kurz vor der Heuernte Gräser und Wildblumen sammeln, bestimmen und trocknen.
- Arbeitsschritte bei einer Heuernte beobachten.

Was ist Stroh?

Nach der Ernte werden die Getreidekörner in große Ladewagen abgefüllt und vor der Einlagerung in einen großen Behälter (Silo) getrocknet. Von den Getreidepflanzen bleiben nur noch die trockenen Halme übrig, die wir als Stroh bezeichnen. Auf einigen Feldern wird das Stroh gehäckselt und als Dünger wieder in den Boden eingearbeitet. Stroh eignet sich aber auch als Einstreu für die Tiere im Stall. Vor der Lagerung wird das Stroh zu Ballen gepresst. Damit die Tiere in den Ställen gesund bleiben, muss das Stroh regelmäßig ausgemistet und durch frisches ersetzt werden.

- Wie riecht frisches Stroh?
- Wie weich liegen die Pferde auf ihrer Strohunterlage?
- Wie saugfähig ist Stroh?
- Warum ist eine trockene Einstreu so wichtig für die Tiere?
- Wohin kommt das ausgemistete Stroh? Was geschieht damit?

Vom Korn zum Mehl

Weizen, Roggen, Gerste, Hafer, Dinkel, Mais und Hirse mit allen Sinnen untersuchen.

- Getreidekörner mit der Lupe betrachten.
- Haferkörner mit Holzhammer und Holzscheibe oder einer mechanischen Flockenquetsche zu Haferflocken verarbeiten.
- Weizenkörner mit einem handlichen Stein auf einem muldenförmigen Stein schroten und mahlen.
- Getreidekörner in einer mechanischen Kaffeemühle oder einer Getreidemühle mahlen.
- Verschiedene Mehlsorten und Qualitäten vergleichen.
- Fladenbrote aus selbst gemahlenem Mehl auf flachen Steinen über einer offenen Feuerstelle backen.
- Verschiedene Brotsorten oder Brötchen mit allen Sinnen vergleichen.
- Besuch einer Kornmühle und Brotbäckerei, die auf traditionelle Weise arbeitet.

Schatten messen

Material: pro Kind 2 Stöckchen, Schleifenband, Zollstock oder Maßband

Durchführung: An einem sonnigen Tag die Länge des eigenen Schattens mit zwei Stöckchen abstecken. Zwischen die Stöcke ein Schleifenband spannen und die Länge abmessen. Das Ergebnis mit Datum und Uhrzeit notieren. Diese Messung zur selben Tageszeit über mehrere Wochen im Hochsommer und im Winter wiederholen. Die Ergebnisse vergleichen und dokumentieren.

Sonnenuhr

Material: 1 gerader Holzstock, Kieselsteine

Durchführung: Den Stock in den Sandkasten oder die Wiese stecken. Jede volle Stunde zur Sonnenuhr gehen und einen Kieselstein auf den Schatten des Stocks legen. Darunter mit weiteren Kieselsteinen die Uhrzeit notieren. Nach einigen Tagen muss die Sonnenuhr nachgestellt werden.

Wie groß ist die Sonne?

Material: 1 gelbe Pappscheibe (Durchmesser 65,5 Zentimeter), 1 blaues Konfettiplättchen aus dem Bürolocher (Durchmesser 0,6 Zentimeter)

Durchführung: Die gelbe Pappscheibe ist die Sonne, das blaue Konfetti ist die Erde. Die Kinder betrachten und diskutieren die Größe der Sonne im Verhältnis zur Erde. Um die Entfernung zwischen Sonne und Erde anschaulich zu erfassen, die Erde auf den Boden legen und sich mit 60 Riesenschritten davon entfernen.

Sonnenei

Material: 1 rohes Ei, schwarzes Papier, 1 Holzbrett, Alufolie, 1 kleines Marmeladenglas, 1 größeres Einweckglas

Durchführung: Das Holzbrett mit Alufolie beziehen. Das Ei in schwarzes Papier wickeln und auf das Brett legen. Darüber erst ein Marmeladenglas und dann ein Einweckglas stülpen. Diesen Aufbau in die Sonne stellen. Nach zirka einer Stunde ist das Ei gekocht.

Wie zirpt die Grille?

Ein Glas mit etwas Sand und Laub füllen. Zur Beobachtung eine Grille vorsichtig hineinsetzen und mit Haferflocken, Obst sowie Insekten füttern. Die Grille zirpt, indem sie ihre Flügel aneinander reibt. Ihre Hörorgane sitzen auf den Vorderbeinen. Hört die Grille ein Geräusch, unterbricht sie ihr Konzert. Nach diesen Beobachtungen die Grille wieder ins Freie setzen.

Fledermäuse schützen

Nach Einbruch der Dunkelheit flattern die Fledermäuse lautlos umher. Die europäischen Arten fressen ausschließlich Insekten – pro Nacht etwa ein Viertel ihres Körpergewichts. Ein Abendsegler kann binnen kurzer Zeit 30 Maikäfer verspeisen, eine Zwergfledermaus vertilgt mit einer Mahlzeit 40 bis 50 Fliegen und Mücken. Fledermäuse stehen unter Naturschutz, da ihre Zahl stark zurückgegangen ist. Ein Grund hierfür ist die Zerstörung ihrer herkömmlichen Lebensräume durch den Menschen. Zum Schutz der Fledermäuse mit Genehmigung der zuständigen Forstbehörde im Park oder Wald Fledermauskästen an den Bäumen aufhängen.

Fledermauskästen
Informationen und Bauanleitung unter:
www.nabu.de/batnight/fledermaeuse/nistkasten/index.html

Schmetterlingsschmaus

Fallobst mit seinem süßlich gärenden Saft lockt viele Tagfalter an. Eine aufgeschnittene, überreife Birne hat die gleiche Wirkung. Nach kürzester Zeit versammeln sich die ersten Gäste. Tagpfauenauge, Admiral und Trauermantel werden sicherlich besonders zahlreich vertreten sein, um von dem gärenden Saft zu naschen.

Schmetterlinge im Tarnanzug

Öffnet das Tagpfauenauge bei Gefahr seine Flügel, wirken diese wie das Gesicht einer Eule. Bei diesem Anblick flüchtet jeder Vogel. Auf einer Fallobstwiese leise beobachten, was geschieht, wenn sich ein Vogel dem Tagpfauenauge nähert.

Schmetterlingsraupen beobachten

Mitte Juni ein ausgedientes Aquarium mit einer durchlöcherten Folie abdecken. Den Boden mit ein wenig Erde und einigen Brennnesselblättern bedecken. Am Wegesrand oder auf einer Wiese, in der Nähe von Brennnesselbüschen, einige Schmetterlingsraupen des Tagpfauenauges, Kleinen Fuchses und Admirals aufsammeln. Die Raupen vorsichtig in das Aquarium legen und täglich mit frischen Brennnesseln füttern. Anfang Juli verpuppen sich die Raupen. Etwa zwei Wochen später schlüpfen die ersten Schmetterlinge und werden ins Freie entlassen.

Käfer beobachten

Blühende Sträucher sind ideale Beobachtungsposten. Hier lassen sich Rosenkäfer, Bockkäfer, Haselnussbohrer, Marienkäfer und viele andere Insekten erforschen. Besonders beliebt bei Gärtnern ist der Marienkäfer, der sich schon als Larve vorwiegend von Blattläusen ernährt. Eine Larve verspeist bis zu ihrer Verpuppung etwa 3.000 Blattläuse.

Waldameisen beobachten

Ameisen sind wichtig für das natürliche Gleichgewicht des Waldes, deshalb müssen sie geschützt werden! Ein besonders nützlicher Waldbewohner ist die Rote Waldameise. Ihre Bauten errichtet sie bevorzugt an sonnigen Stellen.

* Ameisenstraßen sind Geruchsstraßen: Sobald in der Ameisenstraße eine kleine Lücke entsteht, mit einem Finger darüber streichen. Die nächsten Ankömmlinge reagieren irritiert auf den fremden Geruch, finden aber nach einer Weile ihre alte Geruchsspur wieder.
* Liegt ein Ast inmitten der Ameisenstraße, diesen vorsichtig aus dem Straßenverlauf herausdrehen und die Reaktion der Ameisen beobachten.
* Einen Ameisenhaufen mit der Lupe untersuchen: Sehen die Ameisen alle gleich aus? Wie verhalten sich Ameisen, wenn sie sich begegnen? Was transportieren sie?
* Hochzeit im Ameisenbau: Die geflügelten Männchen und Weibchen bereiten sich auf ihren Hochzeitsflug vor. Wie verhalten sie sich?

3.3 Der Sommer schmeckt wie Himbeereis

Grillabende und Picknicks gehören zu den schönsten Ereignissen des Sommers und werden von Kindern besonders intensiv erlebt. Noch eindrücklicher bleiben diese Sommertage in Erinnerung, wenn sie die saisonalen Obst- und Gemüsesorten aus dem eigenen Garten selbst zu Snacks oder Salate verarbeiten dürfen.

Heukartoffeln mit Wildkräuterquark

Zutaten: große Kartoffeln, frisches Heu (möglichst vom 1. Schnitt), Lorbeer, Majoran, Wacholder, Pfefferkörner, Piment, Kümmel, Majoran, Pfeffer, grobkörniges Salz, feines Salz, Gemüsebrühe, Magerquark, Milch, saure Sahne, Senf, Frühlingszwiebel, Sauerampfer, Schnittlauch, Kerbel

Zubereitung: Kartoffeln mit einer Bürste gründlich reinigen und mit einer Gabel anstechen. Mit Kümmel, Majoran, Salz und Pfeffer würzen. Für jede Kartoffel ein Stück Alufolie zuschneiden, vollständig mit Heu, Lorbeer, Majoran, Wacholder, Pfefferkörner, Piment und groben Salz auslegen. Kartoffeln darauf setzen, mit Gemüsefond begießen und sofort einwickeln, damit nichts herausläuft. Den Backofen auf 220 Grad vorheizen. Kartoffeln hingeben und 50 bis 60 Minuten backen. Für den Wildkräuterquark Magerquark, Milch, saure Sahne, Senf, Salz und Pfeffer sowie Frühlingszwiebel und frische Wildkräuter verrühren.

Variante: Beim Grillen am Lagerfeuer die Kartoffeln in die Glut legen.

Süße Sommersuppe

Zutaten: 500 Gramm Früchte (Erdbeeren, Kirschen, Himbeeren), 100 Gramm Weizenvollkornmehl, 1/2 Liter Wasser, 4 Esslöffel Honig, 2 Esslöffel Zitronensaft, 1/2 Liter Buttermilch oder Milch, 2 Zwiebäcke

Zubereitung: Wasser mit Vollkornmehl zum Kochen bringen, vom Herd nehmen, 10 Minuten quellen lassen und kalt stellen. Zitronensaft, Honig und kalte Buttermilch unterrühren. Früchte waschen, säubern, entkernen, in Stücke schneiden, in die kalte Suppe geben. Mit Zwiebackkrümeln verzieren und kühl servieren.

Roggensalat

Zutaten: 150 Gramm Roggenkörner, 3 Becher Wasser, etwas Salz, 1 Becher saure Sahne, 1 Zitrone, 1 Apfel, 1/2 Salatgurke, 1 Bund Radieschen, 1 Bund Dill

Zubereitung: Roggenkörner waschen, in einen Topf geben, Wasser auffüllen, über Nacht im Kühlschrank vorquellen lassen. Etwas Salz dazugeben, 15 Minuten kochen, weitere 60 Minuten bei schwacher Hitze ausquellen und dann abkühlen lassen. Radieschen und Gurke in dünne Scheiben schneiden, geschälte und entkernte Apfel in Würfel schneiden. Alles mit den kalten Roggenkörnern vermischen. Zitronensaft, saure Sahne und etwas Salz verrühren. Die Sauce in den Salat geben und 60 Minuten im Kühlschrank ziehen lassen.

Gemischte Beerenmarmelade

Zutaten: 1 Kilogramm rote und schwarze Johannisbeeren, Himbeeren, Stachelbeeren, 1 Kilogramm Gelierzucker

Zubereitung: Beeren zerkleinern, mit dem Gelierzucker vermischen und vier Minuten sprudelnd kochen lassen. Sofort in Twist-off-Gläser füllen und verschließen.

Himbeereis

Zutaten: 300 Gramm Himbeeren, 250 Gramm Schlagsahne, 2 Becher Vollmilchjogurt, 3 Esslöffel milder Honig

Zubereitung: Früchte waschen, abtropfen lassen, mit einer Gabel zu Mus zerdrücken. Sahne steif schlagen. Honig und Jogurt verrühren, mit Fruchtmus vermischen und unter die Sahne heben. In eine Tiefkühldose füllen und eine Stunde ins Tiefkühlfach stellen. Die Creme mit einer Gabel kräftig umrühren. Zurück in den Gefrierschrank stellen. Nach einer weiteren Stunde nochmals durchrühren und ein letztes Mal für zirka zwei Stunden ins Tiefkühlfach stellen.

Kirschensaft

Zutaten: 1 Kilogramm Kirschen, 100 Gramm Zucker

Zubereitung: Kirschen waschen, in den Entsafter geben und mit Zucker bestreuen. In einen Topf umfüllen, 1 Liter Wasser dazugeben, zudecken und zum Kochen bringen. In Flaschen abfüllen und sofort verschließen.

3.4 Rote Kirschen ess ich gern

Im Sommer gehören das Außengelände des Kindergartens ebenso wie der Park, Spielplatz, Garten oder Hinterhof zu den beliebtesten Aufenthaltsorten der Kinder. Bis in die Abendstunden können sie hier nicht nur ausgelassen toben, Fangen und Verstecken spielen, sondern auch mit ihrem ganzen Körper die Phänomene von Licht und Schatten, heiß und kalt, nass und trocken erleben.

Bienenstich

Spieler/innen: beliebig
Spielverlauf: Die Kinder laufen umher. Ein Mitspieler summt dabei wie eine Biene und sticht eines der Kinder. Nach dem Bienenstich legt das getroffene Kind sofort eine Hand auf diese Körperstelle und wird ebenfalls zur Biene. Auf die Weise wird die Gruppe der gejagten Kinder immer kleiner.

Der Eismann kommt

Spieler/innen: beliebig
Verlauf: Alle laufen umher. Zwei Mitspieler spielen die Eismänner und wollen alle anderen einfrieren. Berühren sie einen Mitspieler, bleibt dieser erstarrt stehen, bis ihm ein anderer Spieler die Hand schüttelt und ihn so wieder auftaut. Das Spiel kann beliebig lange gespielt werden.

Möhrenziehen

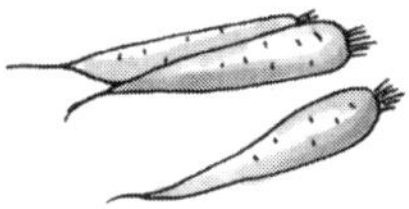

Spieler/innen: bis 20
Spielverlauf: Nur auf ebenem Untergrund spielbar! Die Mitspieler liegen wie ein Bund Möhren bäuchlings im Kreis auf dem Boden und fassen ihre Nachbarn an den Händen. Ein Mitspieler geht als Gemüsebauer herum und versucht ein Kind wie eine Möhre mit beiden Händen an den Füßen herauszuziehen. Gelingt es ihm, wird das Kind zum Gehilfen des Gemüsebauern. Gemeinsam versuchen sie weitere Möhren zu ernten. Das letzte Kind spielt in der nächsten Runde den Gemüsebauer.

Wendeltreppe

Material: Straßenkreide

Mitspieler/innen: ab 2

Spielverlauf: Auf dem Boden wird ein Spielfeld in Form einer Wendeltreppe aufgezeichnet. Nacheinander hüpfen die Spieler auf einem Bein die Stufen hinauf und wieder hinunter. Dabei dürfen sie die Kreidelinien nicht berühren. Wer ohne Fehler die Wendeltreppe passiert hat, darf den Umriss seines Schuhs in eine Stufe malen. Sieger ist, wer die meisten Fußspuren hinterlassen hat.

Rote Kirschen ess ich gern

Spieler/innen: ab 8

Spielverlauf: Die Spieler fassen sich an den Händen, gehen in Kreisrichtung und singen leiernd das Kinderlied:

Rote Kirschen ess ich gern,
schwarze noch viel lieber.
Auf der Wiese spiel ich gern,
barfuß immer wieder.

Ein Mitspieler verlässt den Kreis. Er wandert gegenläufig im Kreis herum und spricht dabei den Vers:

Wind, Wind bläst ums Haus.
Blitz und Donner, Saus und Braus.
Sitzt ein Frosch im hohen Gras,
kommt der Regen macht ihn nass.
Kommt der Sommersonnenschein
Hüpft er in den Teich hinein.

Nach der ersten Zeile durchbricht er den Kreis diagonal, rennt in die Kreismitte und setzt hier seine Runden fort. Während die anderen Kinder ihr Lied weitersingen, müssen sie auf den Mitspieler in der Mitte achten. Sobald dieser die letzten Worte gesprochen hat, darf er sich einen oder mehrere Spieler holen, indem er diese kurz berührt. In der nächsten Spielrunde umrunden sie gemeinsam den Kreis.

Getreidesack

Spieler/innen: beliebig

Spielverlauf: Alle erhalten einen Kartenanhänger mit einem Bild von einer Getreidesorte. Jeweils vier Karten sind gleich. Die Kinder suchen sich einen Sitzplatz im Stuhlkreis. Ein Kind geht in die Mitte. Sein Stuhl wird entfernt. Sobald das Kind in der Kreismitte *„Mais und Roggen aus dem Sack!"* ruft, müssen die sitzenden Mitspieler ihre Plätze tauschen. Dabei sollten sie sich beeilen, denn das Kind in der Mitte nutzt die Gelegenheit und versucht ebenfalls einen der freien Sitzplätze zu bekommen. Beim Kommando *„Der Getreidesack kippt um!"* tauschen alle ihre Plätze.

Variante: Karten mit verschiedenen Brotsorten, Insekten, Sommerblumen oder Sommerfrüchten verteilen.

Schlange im Gras

Spieler/innen: beliebig

Spielverlauf: Ein Mitspieler liegt als Schlange bäuchlings auf einer großen Wiese. Alle Mitspieler müssen die Schlange solange mit einem Finger berühren, bis die Spielleitung *„Schlange im Gras"* ruft. Sofort laufen alle davon. Die Schlange muss die Flüchtenden schlängelnd verfolgen, um sie mit einer kurzen Berührung in Schlangen zu verwandeln. Das Spiel wird so lange fortgesetzt, bis alle zu Schlangen geworden sind.

Das Märchen von den zwei Quellen

Spieler/innen: bis 12

Alter: ab 5 Jahre

Spielzeit: ca. 45 Minuten

Material: einfarbige Tücher, Gardinen, Kopfbedeckungen, Gürtel, Brillen, Schmuck, Schminke, Stühle, Decken, Plastikfolien, Kissen, Gong oder Klangschale, Entspannungsmusik mit Wassergeräuschen

Spielverlauf: Bevor das Ausdrucksspiel beginnt, liest oder erzählt die Spielleiterin das Märchen von den zwei Quellen. Danach wählt jedes Kind eine Rolle, die es spontan darstellen möchte. Die Kinder spielen menschliche Wesen, Sommerweiden, Gräser, Tiere, Sonne und Wind, Felsen und Wege, Wasser und Tränen. Beim Ausdrucksspiel stehen das eigene Empfinden und der persönliche Ausdruck im Vordergrund.

Damit sich beim Spiel eine innere Dynamik aufbauen und in schöpferischem Tun entfalten kann, sollte bei der Darstellung nicht gesprochen werden. Die sprachliche Begleitung des Ausdruckspiels übernimmt die Spielleitung – eventuell mit Unterstützung meditativer Instrumentalmusik. Vor Spielbeginn treffen die Mitwirkenden gemeinsame Absprachen zur Ausgestaltung des Szenarios. Das Spiel beginnt und endet mit einem Gongschlag.

Das Märchen von den zwei Quellen:
Vor langer, langer Zeit lebten die Menschen im Dorf der Sommerweiden stolz und unachtsam in den Tag hinein. Der Wind spielte mit den grünen Blättern der Bäume und den langen Gräsern der Wiesen. Das Licht der Sonne spiegelte sich in den zahlreichen Quellen und Bächen, in denen die Sommerweiden ihr grünes Haar wuschen. Doch die Menschen beachteten die Schönheit der Natur nicht. Sie wollten sich nur vergnügen oder faul in der Sonne liegen. Dabei vergaßen sie die Blumen, die Bäume, die Tiere und sogar ihre Freunde. Jeder dachte nur noch an sich und wurde immer gieriger. Jeden Tag gab es heftigen Streit. Nach kurzer Zeit waren der einst so fruchtbare Boden zu Stein erstarrt, die Quellen versiegt, die Flüsse und Bäche ausgetrocknet. In ihrer Not erinnerten sich die Menschen an den Regengott, der hoch oben in den Bergen wohnte. Der Weg dorthin war steil und gefährlich. Da niemand diesen Weg gehen wollte, mussten sie den Regengott zu sich rufen. Einige alte Dorfbewohner erinnerten sich an die alten Zaubersprüche und Regentänze. Alle holten ihre kostbaren Gewänder hervor und schmückten sich. Drei Tage und drei Nächte tanzten sie ununterbrochen. Doch den Regengott beeindruckte das überhaupt nicht.
Am Morgen des vierten Tages beschloss das junge Liebespaar Schneller-Pfeil und Sonne-im-Haar den Regengott zu besuchen, denn die Sorgen um ihr Dorf bedrückten sie schwer. Schneller-Pfeil war immer guten Mutes und trotz seiner Jugend ein geübter Bogenschütze. Sonne-im-Haar war anmutig und rein wie eine frische Quelle. Der Aufstieg zum Regengott war jedoch viel länger und beschwerlicher, als die Alten es ihnen erzählt hatten. Immer wieder versperrten schroffe Felsen den Weg und flüsterten: „Geht nicht weiter, es ist verlorene Zeit." In der Nacht schrie die Eule: „Geht nicht weiter, hier gibt es keinen Regengott!" Und die Wölfe heulten drohend: „Wenn ihr weitergeht, werdet ihr sterben."
Trotz aller Warnungen und Hindernisse setzten Schneller-Pfeil und Sonne-im-Haar ihren Weg fort. Mit blutigen Füßen, aufgerissenen Händen und verbrannter

Haut traten sie vor den Regengott. Doch was war mit ihm? Er sah sehr traurig, müde und krank aus. Einsam und vergessen saß er in seiner Höhle. Schneller-Pfeil und Sonne-im-Haar, selbst noch vollkommen geschwächt von dem anstrengenden Aufstieg, versuchten den Regengott aufzumuntern. Sie blieben bei ihm und pflegten ihn gesund. Als dieser allmählich wieder zu Kräften kam, bat Schneller-Pfeil um Regen und Wasser für sein Dorf. Der Regengott begann zu weinen, nahm eine Träne und schenkte sie ihm. Kaum lag die Träne in seiner Hand, verwandelte sie sich in eine schwarze Perle. Da sprach der Regengott: „Gehe zurück ins Tal, such dir einen schönen Platz am Fuße des Berges und verschlucke diese Perle. Augenblicklich wird an dieser Stelle eine Quelle entspringen. Du selbst aber wirst zu einem Felsen versteinern." Ohne zu zögern machte sich Schneller-Pfeil auf den Rückweg ins Tal. „Aber eine Quelle ist doch viel zu wenig für unser Dorf", schrie Sonne-im-Haar und bat den Regengott um eine zweite Perle. Der Regengott weinte und nahm eine weitere Träne aus seinem Auge. Glücklich bedankte sich Sonne-im-Haar, ehe sie Schneller-Pfeil mit wehendem Haar ins Tal folgte.

Am Fuße des Berges umarmten sich Sonne-im-Haar und Schneller-Pfeil ein letztes Mal und verschluckten lachend ihre schwarzen Perlen. Augenblicklich verwandelten sie sich in zwei Felsen. Zu ihren Füßen entsprangen zwei mächtige Quellen, die das Dorf der Sommerweiden nur wenige Monde später erblühen ließen. Endlich konnten die Sommerweiden ihr grünes Haar wieder in den Flüssen und Bächen waschen, während der Wind mit den Blättern der Bäume spielte und sich die Gräser auf den Wiesen wie Wellen hin und her bewegten. Und damit Menschen des Dorfes fortan nie wieder vergaßen, dass zu jedem Nehmen auch ein Geben gehört, spiegelte sich die Sonne in den beiden Quellen und ließ diese wie Edelsteine glitzern.

Abschluss: Nach dem Spiel tanzen die Kinder einen „*Quellentanz*" zu einer ruhigen Musik im 2/4-Takt und einer einfachen Schrittfolge. Hierzu bilden sie einen Kreis, wobei jeder ein Tuch in der Hand hält.

3.5 Mit der Sonne malen

Sandknete

Material: 2 Tassen Mehl, 4 Tassen Vogelsand oder feinen Strandsand, 2 Tassen Wasser, Farbpulver, 1 alter Kochtopf, 1 alter Holzlöffel

Herstellung: Alle Zutaten in einem alten Kochtopf vermischen. Bei mittlerer Hitze unter ständigem Rühren erwärmen, bis eine dicke Masse entsteht. Nach dem Abkühlen die Knetmasse wie gewohnt verkneten und die gewünschten Figuren formen und etwa drei Tage gut durchgetrocknet lassen. Dann die modellierten Figuren bemalen.

Duftende Sommerblumenbilder

Material: Raufasertapete, dünne Abdeckfolie, Lackierpinsel (5 Zentimeter Breite), Fingerfarbe, leere Deoroller

Herstellung: Raufasertapete auf einer dünnen Abdeckfolie auf dem Boden ausrollen. Die Fingerfarben mit Lackierpinseln auftragen und kurz trocknen lassen. Dann ein wenig Fingerfarbe mit Wasser verdünnen. Die Kugeln der leeren Deoroller herauslösen. Die Farbe in die leeren Deoroller füllen und die Kugeln wieder einsetzen. Mithilfe der Deoroller bunte Blumen aufmalen. Durch den Rolleffekt fließt die Farbe auf das Papier und entstehen runde Blüten, die sogar ein wenig duften.

Schmetterlinge

Material: Papier, Buntstifte, Schere, Klebe, 2 kleine Münzen (1 Cent)

Herstellung: Einen handgroßen Schmetterling mit Buntstiften aufmalen und ausschneiden. Unter beide Flügel jeweils eine Münze kleben. Wenn der Schmetterling auf einem Finger liegt und seine Flügel gleichmäßig schaukeln, ist er im Gleichgewicht. Die Schmetterlinge können aber auch an einer Schnur hängen, damit sie im Wind sanft auf und nieder schwingen.

Marienkäfer bringen Glück

Material: Leere Pistazienschalen, schwarze und rote Plakafarbe, flache Steine, Kleber

Herstellung: Marienkäfer mit roter und schwarzer Farbe auf die leeren Pistazienschalen malen. Auf flache Steine kleben und als Glücksbringer verschenken.

Malen zur Sommermusik von Vivaldi

Material: CD *Die vier Jahreszeiten* von Antonio Vivaldi mit dem Stück *Der Sommer* (Dauer etwa 10 Minuten), Tapetenrolle, Töpfe mit Fingerfarben, dicke Pinsel, Klebeband

Herstellung: Papier mit Klebeband auf den Tischen befestigen und Materialien zum Malen vorbereiten. Die Kinder sitzen im Stuhlkreis und hören das ausgewählte Musikstück. Rhythmische Bewegungen, vor allem Schwünge mit den Armen, leiten die Umsetzung der Musik in Farben und Formen ein. Je nach Tempi, Lautstärke und instrumentaler Besetzung probieren die Kinder vielfältige Möglichkeiten des Malens nach Musik aus. In einer abschließenden Runde äußern sie sich zu ihren Bildern und ihren Gefühlen vor, während und nach dem Malprozess.

Leuchtschiffchen

Material: Abfallholzbrettchen vom Schreiner (etwa 15 x 15 x 2 Zentimeter), farbiges Transparentpapier, Schere, Klebstoff, Teelicht

Herstellung: Die Holzbrettchen mit farbigem Transparentpapier so umkleben, dass ein etwa 10 Zentimeter hohes Windlicht entsteht. In die Mitte ein Teelicht kleben und mit einem stillen Wunsch am Sonnwendfest zu Wasser lassen.

Straßenkreide

Material: 1/2 Tasse Pigment- oder Dispersionsfarbe, 2 Tassen Gipspulver, 1 Tasse Wasser, Schüssel, Spachtel, leere Filmdosen, Teppichmesser

Herstellung: Gipspulver, Wasser und Farbe in einer Schüssel verrühren. Den bunten Gipsbrei mithilfe eines Spachtels in eine Filmdose füllen und zirka zwei Stunden trocknen lassen. Die Filmdose mit einem Teppichmesser aufschneiden und das fertige Kreidestück herausholen.

Sonnenmalerei – Heliographie

Material: weiße Bettlaken und Kissenbezüge, Stoffmalfarbe, Wasser, breite Pinsel oder Schwämme, Pappschablonen, Spielzeuge, Federn

Herstellung: Die Farbe mit mindestens zwei Teilen Wasser verdünnen und gut verrühren. Die Stoffe anfeuchten und auf einer Arbeitsplatte ausbreiten – in die Kissenbezüge eine Pappe legen. Die Farbe mit Pinseln oder Schwämmen gleichmäßig auftragen. Auf den feuchten Stoff beliebige Gegenstände, Blumen, Pappschablonen oder Backformen legen. Den Stoff zum Trocknen in die Sonne legen. Nach zirka 30 Minuten die Gegenstände entfernen und die Sonnenmalereien betrachten.

Windmühle

Material: 1 hoher Plastikbecher mit Deckel, 1 Schaschlikstab, 1 Korken, Zwirnsfaden, 5 Zahnstocher, Blumendraht, Schere, kleines Körbchen

Herstellung: Aus dem Deckel die fünf Flügel der Windmühle schneiden. In jeden Flügel zwei Löcher bohren und die Zahnstocher hineinstecken. Die freien Enden der Zahnstocher in den Korken stecken (vorbohren) und diesen auf einen Schaschlikstab stecken. Zwei Löcher in den Becher bohren und den Stab durchstecken. Am freien Ende den Lastenaufzug anbringen. Dazu den Zwirnsfaden fest mit dem Stab verknoten und einen Haken aus Blumendraht mit einem kleinen Körbchen anhängen. Die Mühle so aufstellen, dass der Wind genau von vorn kommt.

Vogelscheuche

Material: 1 Latte, Sperrholzreste, Holzkleiderbügel, Schnur, Nagelbohrer, Nägel, Schrauben, Schraubenzieher, Lackfarbe, wasserfeste Filzstifte, Wolle, Stoffreste oder alte Kleidungsstücke

Herstellung: Einen Kopf aus Sperrholz gestalten und an die Latte nageln. In die Mitte des Kleiderbügels (Schultern) ein Loch bohren und mit einer Schraube an der Latte befestigen. In zwei Sperrholstücke jeweils am oberen Rand ein Loch bohren, ein Band durchziehen und an den Enden des Kleiderbügels rechts und links festknoten (Arme und Hände). Die Vogelscheuche nach Belieben anmalen, bekleiden und zwischen Beerensträuchern oder am Kirschbaum postieren.

3.6 Picknick auf der Sommerwiese

Material: Sägemehl, 6 Schmetterlinge mit Aufgabenstellungen (Klebeband, kleine Plastiktüten), 5 Kilogramm Kartoffeln, trockenes Brennmaterial (Holz und Papier), Kreide, Augenbinden, 1 Leiterwagen, Tassen, Messer
Teilnehmer: zirka 10 Eltern mit ihren Kindergartenkindern
Spielleitung: 1 Spielleiterin, 1 Julimaid
Spielzeit: etwa 3 Stunden
Spielort: Waldstück mit Wiese und Feuerstelle
Vorbereitung: Vor der Aktion markiert die Spielleiterin den Weg zur Picknickwiese mit Sägemehl. Dieser Weg führt durch ein Wald- und Wiesengelände. Auf dem Weg werden sechs Schmetterlinge mit jeweils einer Botschaft hinterlegt. Die Botschaften sind auf ihrer Rückseite befestigt. In der Nähe der fünften Botschaft wird ein Beutel Kartoffeln im Gebüsch versteckt.

Einladung auf die Sommerwiese

Die Spielleiterin liest allen Teilnehmern den Brief der Julimaid vor:

Hallo Menschenkinder,
Ich möchte euch heute zum Picknick auf meine Sommerwiese einladen. Das wird wirklich waldwiesenwunderbar! Ihr sollt spielen, singen und leckere Sachen essen. Die meisten Sachen findet ihr im Wald oder auf der Wiese. Leider müsst die selber suchen – mich übrigens auch. Teller, Gabeln und Löffel findet ihr ebenfalls im Wald. Also los, um zweiachtel Uhr auf der Sommerwiese. Halt noch eins, achtet auf meine sechs Schmetterlinge!
Liebe Sommergrüße von eurer Julimaid

1. Botschaft

Schaut euch gut um und sucht einen Stock, in den ihr euer Zeichen schnitzt. Ihr werdet diesen Stock später brauchen, um damit zu spielen, aber auch Brot im Feuer zu backen.

Spielverlauf: Jeder Teilnehmer sucht einen Stock und bearbeitet ihn mit dem Messer. Erwachsene leisten Hilfestellung.

2. Botschaft

Waldtiere sind sehr flink und huschen schnell in ihre Verstecke. Seid ihr auch so schnell und könnt ihr euch so gut wie sie verstecken? Legt eure Stöcke zur Seite und spielt alle zusammen „Bäumchen, Bäumchen wechsel dich!".

Spielverlauf: Mit Kreide markiert die Spielleiterin für jeden Mitspieler oder jede Familie einen Baum. Dort warten die Mitspieler, bis die Spielleiterin *„Bäumchen, Bäumchen wechsel dich!"* ruft. Sofort rennen alle los und suchen sich einen neuen Baum – auch die Spielleiterin. Wer dieses Mal keinen Baum findet, darf die nächste Runde aufrufen.

3. Botschaft

Jeder Borkenkäfer wohnt in einem ganz bestimmten Baum. Den würde er unter Millionen von Bäumen wiedererkennen. Sucht euch einen Baum aus, der euch besonders gut gefällt. Verbindet eure Augen, betastet und beschnuppert ihn. Danach wollen wir mal sehen, ob ihr euren Baum wiederfindet.

Spielverlauf: Eltern und Kinder bilden Gruppen. Die Kinder verbinden ihren Eltern die Augen, drehen sie mehrmals und führen sie zu einem 10 bis 20 Meter entfernten Baum, den sie betasten und beschnuppern sollen. Danach werden sie wieder an den Startpunkt zurückgeführt. Finden sie ihren Baum nun ohne Augenbinde wieder? Anschließend werden die Augenbinden getauscht.

4. Botschaft

Nach den vielen Spielen dürft ihr eine kurze Pause einlegen. Setzt euch bequem hin und schließt eure Augen. Wenn ihr ganz still seid, könnt ihr meine Sommerwaldmusik hören.

Spielverlauf: Alle lauschen einige Minuten den Waldgeräuschen. Anschließend berichten die Kinder, was sie gehört haben, welche Geräusche schön, lustig oder verärgert klagen.

5. Botschaft

Bis zur Sommerwiese ist es jetzt nicht mehr weit. Aber leider ist mir ein kleines Missgeschick passiert. Als ich den Kartoffelsack zur Feuerstelle bringen wollte, habe ich gar nicht gemerkt, dass in dem Sack ein Loch war. Und nun hab ich auf dem Weg zur Feuerstelle die meisten Kartoffeln verloren. Helft mir bitte, sie zu finden. Dabei könnt ihr eure Stöcke gut benutzen.

Spielverlauf: Die Kinder bilden mit ihren Eltern Paare und suchen zunächst je eine Kartoffel. Dann stellen sie sich gegenüber, halten ihre Stöcke dicht nebeneinander, legen beide Kartoffeln darauf und balancieren die Kartoffeln gemeinsam über eine vorher festgelegte Strecke zum Kartoffelsack.

6. Botschaft

Um euch herum wachsen Gänseblümchen, Klatschmohn und Wegwarte. Alle Menschenkinder schenken sich gegenseitig einen Kranz aus Blumen oder Blättern und setzen ihn auf. Dann seht ihr fast aus wie ich. Habt ihr mich schon entdeckt?

Spielverlauf: Die Julimaid hält sich so versteckt, dass die Kinder sie leicht entdecken. Für die Blumenkränze die Blumen möglichst langstielig abpflücken – Löwenzahnblüten besser vermeiden, da die Milch in ihren Stielen auf der Kleidung Flecken hinterlassen könnte. Zwei Blumen untereinander legen und den Stiel der zweiten Blume immer rechts um die vorhergehende Blume drehen. Für die Blätterkränze Blätter von Laubbäumen verwenden, senkrecht übereinander legen und mit Kiefernnadeln zusammenstecken.

Picknick

Einige Erwachsene legen die Feuerstelle an und entfachen das Feuer, während die anderen die mitgebrachten Speisen und Getränke auf der Waldwiese aufbauen. Die Kartoffeln werden in Alufolie gewickelt und von den Erwachsenen in die Glut gelegt.

Tanz um das Feuer

Nach dem gemeinsamen Essen endet das Picknick mit einem überlieferten Tanzlied. Die Mitspieler geben sich die Hände, gehen im Kreis um das Feuer und singen. Nacheinander werden die Mitspieler namentlich genannt, wobei sie die Arme vor dem Körper kreuzen und den Nachbarn wieder die Hände reichen. Sind alle Mitspieler in den Kranz eingebunden, wird er auf die gleiche Weise wieder gelöst.

2. *Wir woll'n den Kranz lösen,*
so lösen wir den Kranz.
Unserm … (Name eines Mitspielers) hübsch und fein,
soll der Kranz gelöset sein.

SÜDEN
HERBST

Dem meteorologischen Herbst sind die Monate September, Oktober und November zugeordnet. Der astronomische Herbstbeginn fällt auf den 22. /23. September, wenn sich die Südhalbkugel so der Erde der Sonne zuwendet, dass Tag und Nacht gleich lang sind. Nach der Herbsttagundnachtgleiche werden die Tage allmählich kürzer, wechselhafter und kühler. Die Natur stellt sich in den letzten warmen Tagen des Jahres auf die bevorstehende Ruhephase ein. Noch bevor die Nachttemperaturen im goldenen Oktober in den einstelligen Bereich sinken, haben sich die ersten Zugvögel in Richtung Süden auf den Weg gemacht. Die letzten wärmenden Sonnentage lassen die Laubwälder und das Weinlaub in gelbroten Farbtönen leuchten, ehe der November die ersten Frostnächte bringt und die letzten trockenen Blätter von den Bäumen weht.
Trotz seiner wechselhaften Witterung lädt der Herbst zu spannenden Aktivitäten in die Natur ein. Auch bei nasskaltem, nebligem Wetter lassen sich die Kinder immer wieder begeistert auf Naturbeobachtungen, Spielaktivitäten oder naturkundliche Erlebnistage ein. Mit wettergerechter Kleidung stärken diese Aktivitäten zugleich das Immunsystem und beugen Erkältungskrankheiten vor.
Die dämmerige Herbstzeit ist auch eine Zeit der Besinnung, die uns an die Vergänglichkeit des Lebens erinnert und mit zahlreichen Festen begangen wird. Hierbei stehen nicht nur religiöse Bezüge im Vordergrund, sondern ebenso der Dank für eine reiche Ernte, der Rückzug der Natur und der Beginn der dunklen Jahreszeit.

* **20. September** – Weltkindertag. 1954 von der Generalversammlung der UNO empfohlen, um auf die Belange und Interessen aller Kinder aufmerksam zu machen.

* **22. September** – Herbstsanfang, Herbsttagundnachtgleiche.

* **Erster Sonntag im Oktober** – Erntedank, einer der ältesten kirchlichen Feiertage.

* **Letzter Sonntagmorgen im Oktober** – Ende der Sommerzeit. Die Uhr wird um 2.00 Uhr eine Stunde zurückgestellt.

* **31. Oktober** – Reformationstag. Gedenktag zum Beginn der Reformation durch Martin Luther im 16. Jahrhundert.

* **31. Oktober / 1. November** – Halloween. Traditionelles Geisterfest in englischsprachigen Ländern, das seit einigen Jahren auch bei uns ausgelassen begangen wird.

* **1. November** –Allerheiligen. Gedenktag für alle Heiligen und Märtyrer.

* **2. November** – Allerseelen, jährlicher Gedenktag für alle Verstorbenen.

* **11. November** – St. Martin lebte im 4. Jahrhundert in Frankreich als Bischof, um ihn ranken sich viele Legenden.

4.1 Frau Sonne auf ihrer Herbstwanderung

Jahreszeiten-Geschichte

Zur Vorbereitung und Umsetzung der Jahreszeit-Geschichte siehe Seite 35.

23. September. Frau Sonne schaut auf das Kalenderblatt und hat gar keine Lust aufzustehen. „Ich bin so schwach", jammert sie, „und meine Strahlen tun mir weh." Nach der vielen Arbeit in den Sommermonaten fühlt sich sie sehr müde und kraftlos. „Los, aufwachen!", ruft ihr Freund Merkur. „Es ist schon kurz nach sieben Uhr und du benimmst dich wie ein altes Weib!" „Ja, ja, mein Freund, du hast recht! Altweibersommer", seufzt Frau Sonne und gibt sich einen Ruck. Sie beginnt ihre Herbstwanderung und schickt ein paar wärmende Strahlen über die abgeernteten Felder und feuchten Wiesen. Doch nicht nur Frau Sonne ist unterwegs. Schwalben, Nachtigallen, Lerchen und Bachstelzen machen sich mit vielen anderen Zugvögeln auf den Weg in den warmen Süden. Auf ihrer Reise werden sie von den Schmetterlingsfamilien Admiral und Distelfalter begleitet. Ihre zarten Flügel tragen sie über die hohen Berge und das weite Meer bis nach Afrika. „Gute Reise!", kann Frau Sonne ihnen gerade noch zurufen, bevor sie sich in den Schleiern der Nebelfrau verfängt. Doch kaum spürt die Nebelfrau ihre wärmenden Strahlen, eilt sie mit wehenden Schleiern davon.

Mitten auf der Wiese steht ein großer Kastanienbaum. Im Sonnenglanz leuchten seine grüngelben und ockerbraunen Blätter wie Gold. „Guten Morgen, Frau Sonne", ruft die Kastanie, „schick doch mal deinen Freund Winne Wind vorbei. Ich muss unbedingt geschüttelt werden." Schon ist Winne Wind zur Stelle, pustet seine Backen auf und bläst und bläst, bis die ersten Kastanien mit lautem Plumps auf den Boden fallen. Angelockt vom Lärm kommt Familie Reh auf die Wiese. Genüsslich verspeisen sie die frischen Kastanien, denn bald kommt der Winter. Daran muss auch der Igel denken. „Hallo, Igel! Wohin gehst du?", möchte Frau Sonne wissen. „Keine Zeit, keine Zeit! Ich bin auf der Suche nach einem warmen Winterquartier", antwortet er hastig, bevor er unter dem Laub verschwindet.

Plötzlich ertönen fröhliche Stimmen am Waldrand. Eine Kindergruppe kommt mit ihrem selbst gebauten Drachen auf die Wiese . Kurze Zeit später fliegt der Drachen tanzend durch die Lüfte. „Hallo, roter Drachen!", grüßt Frau Sonne freundlich. Aber der rote Drachen antwortet nicht, sondern genießt einfach nur die luftige Aussicht.

Langsam ist es für Frau Sonne an der Zeit, sich zu verabschieden. Auch die Kinder packen ihre Sachen zusammen und machen sich auf den Heimweg.
Eigentlich hatte Frau Sonne gehofft, ihren Freund, den Herrn Mond, zu treffen. Der ist aber mal wieder verschwunden. Wahrscheinlich kleidet er sich neu ein – wie immer bei Neumond. Während Frau Sonne so nachdenkt, fallen ihr ständig die Augen zu. Kurz bevor sie einschläft, entdeckt sie am Himmel das Sternbild des Steinbock und murmelt: „Es ist Herbst!"

Jahreszeitensprüche

- *Septemberwetter warm und klar, verheißt ein gutes neues Jahr.*
- *Ist der Oktober warm und fein, kommt ein harter Winter rein.*
- *Ist der Oktober nass und kühl, mild der Winter werden will.*
- *Sitzt im November noch das Laub, wird der Winter hart, das glaub.*
- *Wenn's im November blitzt und kracht, im nächsten Jahr der Bauer lacht.*

Bildbetrachtung

Im Herbst 1888 malte Vincent van Gogh im französischen Arles dieses Kunstbild, das er *Weiden bei Sonnenuntergang nannte*. Das Werk bietet zahlreiche Bezugspunkte für eine Bildbetrachtung. Es ist in verschiedenen Kunstbänden zu finden.

- Hast du schon mal einen Sonnenuntergang beobachtet? Erzähle davon.
- Wie viele Bäume siehst du auf dem Bild? Kennst du den Namen der Bäume?
- Was ist das Besondere an Weidenbäumen? Wo wachsen sie?
- Wie sehen die Äste auf dem Bild aus? Fehlt ihnen etwas?
- Schließe deine Augen und stell dir vor, du bist eine Weide (die Sonne, die Wiese). Erzähle eine Geschichte von dem Weidenbaum, der am Bach steht.

Der Herbst ist da

Text von Regina Bestle-Körfer aus *„So bunt und stürmisch ist der Herbst"*. Christopherus 2000.
Melodie: volkstümlich. Spielanregung: Autorinnen

2. *Trarira, der Herbst ist da.*
   Die grauen Nebel wallen, das kann dem Herbst gefallen.

3. *Trarira der Herbst ist da.*
   Der Wind rauscht in den Zweigen, die bunten Drachen steigen.

4. *Trarira der Herbst ist da.*
   Viel Regen in den Pfützen, zum Springen und Bespritzen.

5. *Trarira der Herbst ist da.*
   Kartoffel, Lauch und Möhren wir in der Erde stören.

6. *Trarira der Herbst ist da.*
   Den Eimer voll mit Nüssen wir von Bäumen schütteln müssen.

7. *Trarira der Herbst ist da.*
   Ein Schal um Hals und Kragen, den können wir vertragen.

Spielanregung: (1) Pfeifton durch die Lippen machen. (2) Arme wedeln vor dem Körper. (3) Arme ausbreiten. (4) Auf und ab hüpfen. (5) Gebeugten Oberkörper aufrichten. (6) Den Körper schütteln. (7) Arme um den Hals legen.

Ein Männlein steht im Walde

Text: August Heinrich Hoffmann von Fallersleben. Melodie: volkstümlich

2. *Das Männlein steht im Walde*
auf einem Bein.
Es hat auf seinem Haupte
schwarz Käppelein.
Sag, wer mag das Männlein sein,
das da steht im Wald allein,
mit dem kleinen, schwarzen Käppelein?

Spielanregung: Alle Kinder bilden einen Kreis, fassen sich bei den Händen und heben die Arme in die Höhe. Ein Kind (Männlein) steht in der Kreismitte (mit schwarzer Kappe und rotem Umhang) und führt die benannten Bewegungen pantomimisch aus. Bei der Textstelle „*Sag, wer mag ...*" schauen die Kinder den rechten und linken Nachbarn fragend an und zucken ratlos die Schultern. Das Männlein zählt laut „*1, 2, 3!*" und zeigt auf ein Kind. Nennt dieses den Namen Hagebutte, darf es sich verkleiden und selbst das Männlein darstellen.

4.2 Wind in den Bäumen

Der Herbst ist eine Zeit großer Pracht und Üppigkeit. Da die Sonne nun weniger scheint, bildet sich das Blattgrün (Chlorophyl) in den Blättern zurück und die anderen Farben kommen zum Vorschein. Die vielen braunen, roten und gelben Farbtöne tun der Seele gut. Es ist die Zeit, um bei einem Spaziergang durchs Laub zu rascheln und den feuchten, erdigen Herbstduft einzuatmen. Die Bauern pflügen noch einmal die Äcker und brechen die Erde in großen Klumpen auf, damit sie die Saat nach dem Winterfrost gut aufnehmen kann.

Kastanie *Eiche* *Buche* *Ahorn*

Pflanzen brauchen Sonnenlicht

Zwei Schalen mit feuchten Küchenkrepptüchern auslegen und mit Kressesamen bestreuen. Eine Schale auf das Fensterbrett stellen, die andere an einen dunklen Ort. Nach einigen Tagen lässt sich der Unterschied deutlich feststellen.

Pflanzen brauchen Wasser

Ohne Wasser lassen Pflanzen ihre Stiele und Blätter hängen. Erhalten sie aber Wasser, bevor sie ganz vertrocknen, erholen sie sich schnell. Zur Veranschaulichung eine robuste Pflanze einige Tage nicht gießen und ihr verändertes Aussehen beobachten.

Pflanzen geben Sauerstoff

Pflanzen nehmen nicht nur Wasser und Nährstoffe auf. Sie versorgen uns auch mit lebenswichtigem Sauerstoff. Etwas Laichkraut (aus der Tierhandlung) in ein Glas mit Wasser legen und in die Sonne stellen. Nach einiger Zeit steigen die ersten Sauerstoffbläschen auf.

Warum verlieren die Bäume ihre Blätter im Herbst?
Die wichtigen Nährstoffe speichert der Baum im Stamm und in den Ästen. Im Herbst wächst zwischen den Ästen und Blattstielen eine Trennschicht, welche die Blätter vom Wasserkreislauf des Baumes abschneidet. Allmählich trocknen die Blätter aus und fallen vom Baum. So kann der Baum überwintern, während die Blätter verrotten und zu wertvollem Humus (Dünger) werden.

Gemüsewald

Material: 2 Möhren, 2 Rettiche, 2 Sellerie, 1 Schale, 4 Blatt Küchenkrepp, Blumenerde, 3 Blumentöpfe, Wasser

Herstellung: Vom Wurzelgemüse die Enden mit den Blattansätzen fingerdick abschneiden. Die großen, dicken Blätter abbrechen. Eine Schale mit Küchenkrepp auslegen und Wasser hineingießen, bis das Papier vollkommen nass ist. Die Wurzelgemüse mit der Schnittstelle auf das Papier setzen und den Teller an einen hellen Ort stellen. Nach wenigen Tagen sind winzige Triebe zu erkennen. Zwei Wochen später die Triebe in Blumentöpfe einpflanzen. Ins Sonnenlicht stellen und regelmäßig gießen. Mit etwas Glück kann nach ein paar Wochen geerntet werden.

Futtervorräte für Waldtiere sammeln

Jetzt sammelt der Förster Kastanien und Eicheln für heimische Wildtiere wie Hasen, Wildschweine, Rehe und Hirsche, um Wintervorräte für deren Fütterung anzulegen. Er freut sich dabei über jede Unterstützung. Die Futterkrippen werden allerdings erst gefüllt, wenn der Boden hart gefroren ist und unter einer Schneedecke liegt, sodass die Wildtiere keine Nahrung mehr finden.

Zugvögel beobachten

Im Herbst verlassen die ersten Vogelschwärme die nördlichen Länder und fliegen Richtung Süden. Am Himmel können die Kinder beobachten, wie Wildgänse und Kraniche in Form eines Pfeils laut kreischend zu ihren Winterruheplätzen ans Mittelmeer und nach Afrika ziehen. Hier überwintern sie bis zum Frühjahr, denn hier finden sie genügend Nahrung und warme Temperaturen.

Eichhörnchen beobachten

Ab September suchen flinke Eichhörnchen auf Bäumen und in Sträuchern nach Nahrung für ihre Wintervorräte. Wer aufmerksam und leise zuschaut, kann beobachten, wie sie Nüsse, Eicheln, Beeren und Bucheckern an verschiedenen Orten vergraben. Manche Eichhörnchen sind allerdings etwas vergesslich und finden ihre versteckten Wintervorräte nicht wieder. So kann es sein, dass an der Stelle im nächsten Jahr ein Baum wächst.

Spurensuche

Material: Korb oder Eimer, Lupe, eventuell Taschenlampe, Absperrband, Plastikplane
Spieler/innen: 2-6
Verlauf: Die Gruppe markiert ein Gebiet, das sie erforschen will: eine Wiese im Park, ein Waldstück, ein unbebautes Grundstück, ein abgeerntetes Feld. Jeder sammelt Tierspuren und Hinweise, die den Besuch bestimmter Tiere anzeigen. Bei gutem Wetter werden die Beweisstücke vor Ort auf einer ausgebreiteten Plane ausgelegt. Nacheinander schildert jedes Kind seine Erlebnisse und spricht über folgende Fragen:

* Welche Spuren haben die Tiere hinterlassen?
* Wer hat welches Beweisstück zurückgelassen?
* Wo könnten die Tiere jetzt sein? Wo verstecken sie sich?
* Hast du Tiere gehört oder gesehen?
* Wie spüren Tiere, dass Menschen sich nähern?
* Woran lassen sich Fraßspuren erkennen? Wer hat gefressen?
* Welche Spuren hinterlassen Menschen?
* Welches Fundstück gefällt dir am besten? Was möchtest du damit machen?

4.3 Kartoffeln, Äpfel und Nüsse

Im Herbst sind die Verkaufsstände auf den heimischen Bauern- und Wochenmärkten prall gefüllt mit vielerlei saisonalen Obst- und Gemüsesorten, Salaten, Nüssen und Pilzen. Das ist die Gelegenheit, den Herbst mit allen Sinnen wahrzunehmen. Ein Besuch auf dem Wochenmarkt bereitet Kindern ebenso großen Spaß wie die Zubereitung saisonaler Obst- und Gemüsespeisen.

Kartoffel-Kohlrabi-Apfel-Nuss-Salat

Zutaten: 750 Gramm Kartoffeln, 1 Kohlrabi, 1 Apfel, 100 Gramm gehackte Walnüsse, 1 Bund Schnittlauch, 1 hart gekochtes Ei, 1 Zwiebel, 1 Becher saure Sahne, 2 Esslöffel Apfelessig, 1/2 Teelöffel Salz, Pfeffer aus der Pfeffermühle

Zubereitung: Gewaschene Kartoffeln 20 bis 30 Minuten kochen, abschrecken, pellen, auskühlen lassen. Kohlrabi schälen. Apfel entkernen. Alle Zutaten in Würfel schneiden. Zwiebel und hart gekochtes Ei fein hacken. Alle Zutaten in einer Schüssel vorsichtig vermengen. Sahne, Essig, Salz und Pfeffer verrühren, mit dem Schnittlauch über die Masse geben und sorgfältig unterheben. Etwa 1 Stunde in den Kühlschrank stellen. Mit Schnittlauchhalmen anrichten.

Kürbissuppe

Zutaten: 1 Zwiebel, 1 Knoblauchzehe, 1 Kilogramm Kürbis (Hokaido), 2 Kartoffeln, 2 Esslöffel Olivenöl, 500 Milliliter Gemüsebrühe, 100 Gramm Sahne, 1 Bund Petersilie, Salz, Pfeffer, geriebene Muskatnuss, 1 Prise Zucker

Zubereitung: Kürbis schälen, faseriges Fruchtfleisch mit den Kernen entfernen und in Würfel schneiden. Kartoffeln waschen, schälen und in Würfel schneiden. Zwiebel und Knoblauch schälen, fein würfeln. Öl erhitzen. Nacheinander Zwiebel und Knoblauch, Kürbis und Kartoffeln vorsichtig ins Öl geben und andünsten. Gemüsebrühe aufgießen. Sahne dazugeben. Bei schwacher Hitze zirka 20 Minuten kochen. Die fertige Suppe mit dem Pürierstab pürieren. Mit Salz, Pfeffer, Muskatnuss, Zucker abschmecken. Kurz vor dem Servieren Petersilie waschen, trocknen fein hacken und einstreuen.

Fingerwärmer

Zutaten: Frische Maronen oder Esskastanien

Zubereitung: Für den Frischetest die Maronen erst in lauwarmes Wasser legen. Nur die sinkenden Maronen sind zum Verzehr geeignet und können verwendet werden! Die Schale kreuzweise einschneiden und nach Belieben wie folgt zubereiten:

* 20 Minuten in Wasser kochen.
* Bei etwa 275 Grad im Backofen garen, bis die Schale platzt.
* In einer gusseisernen Pfanne rösten, kurz abkühlen lassen, aus der heißen Schale brechen und den braunen Flaum abziehen.

Marone und Esskastanie

Die herzförmige Marone mit ihrem kräftigem, sahnigem Geschmack hat eine flache, dreieckige Unterseite. Ihre dunkel gestreifte Schale lässt sich leicht entfernen. Die kleinere und rundere Esskastanie hat einen weniger feinen Geschmack, dafür aber einen so hohen Stärkegehalt, dass sie sich zu Mehl verarbeiten lässt.

Heiße Äpfel mit Kastanienmus

Zutaten: 2 Äpfel, 100 Gramm geschälte Kastanien, 1/4 Liter Milch, 1 Vanillezucker, 2 Esslöffel Kastanienhonig, 1/4 Liter Sahne, 1 Teelöffel Walnussöl, 1 Prise Nelkenpulver, 1 Prise Kardamompulver, geriebene Schokolade

Zubereitung: Äpfel waschen, Kerngehäuse ausstechen und halbieren. Mit Zitronensaft beträufeln und in etwas Walnussöl weich dünsten. Kastanien, Vanillezucker, Nelken- und Kardamompulver in Milch weich kochen, pürieren und erkalten lassen. Mit Kastanienhonig süßen, geschlagene Sahne unterheben und über die Apfelhälften gießen. Mit geriebener Schokolade dekorieren.

Herbstpunsch

Zutaten: 1/2 Liter Wasser, 1/2 Liter Apfelsaft, 1 Apfel, 2 Beutel Rotbuschtee, 2 Nelken, 1 Zimtstange, 4 Sternanis

Zubereitung: Apfel waschen, entkernen, in sehr kleine Würfel schneiden. Wasser und Apfelsaft mit den Apfelstückchen erhitzen – nicht kochen! Teebeutel, Nelken, Zimtstange, Sternanis dazugeben und zirka 10 Minuten ziehen lassen. Punsch durch ein Sieb gießen und in eine große Kanne füllen.

4.4 Kastanienräuber

Herbstblätter würfeln

Material: 1 Farbwürfel, 10 rote, 10 gelbbraune, 10 grüne Herbstblätter
Spieler/innen: ab 2
Spielverlauf: Herbstblätter sammeln, reinigen und trocknen. Zum Würfelspiel die Blätter in der Tischmitte ausbreiten. Nach folgenden Regeln mit dem Farbwürfel reihum würfeln:

* Rot: 1 rotes Blatt nehmen.
* Gelb: 1 gelbbraunes Blatt nehmen.
* Grün: 1 grünes Blatt nehmen.
* Blau: 1 beliebiges Blatt nehmen.
* Weiß: Noch einmal würfeln.
* Schwarz: 1 Runde aussetzen.

Gewinner ist, wer die meisten Blätter einer bestimmten Farbe hat.
Variante: Mit einer größeren Anzahl an Blättern und dem Zahlenwürfel würfeln.

Vogelnest

Spieler/innen: ab 9
Spielverlauf: Im Singsang rufen die Mitspieler folgenden Vers und machen dazu die passenden pantomimischen Bewegungen. Sie schütteln verneinend den Kopf, während sie durch den Raum laufen. Sie machen eine lange Nase. Zum Schluss fassen sie sich bei den Händen und bilden einen Kreis:

Wind, Wind sause,
wir sind nicht zu Hause.
Sturm, Sturm blase,
ich mach' ne lange Nase.
Kommt aber dann der wilde Orkan,
fass ich meine Freunde an.

Probiermarkt

Spieler/innen: 8
Spielleiter: 1
Material: 4 Obstsorten (Apfel, Birne, Trauben, Pflaume), 4 Gemüsesorten (Tomate, Gurke, Paprika, Radieschen), 8 Teller, Messer, Malstifte in den Farben der Obst-/Gemüsesorten, Tücher zum Abdecken, je Teilnehmer eine Bestimmungskarte (siehe Muster) hier werden später Bewertungspunkte reingemalt, 4 Augenbinden

Name:				
Obst-/Gemüsesorte	Tasten	Hören	Riechen	Schmecken

Spielverlauf: Alle Obst- und Gemüsesorten halbieren, sortieren, auf Teller legen und mit einem Tuch bedecken. Malstifte und Messer auf Tischen verteilen. Die Teilnehmer bilden vier Paare. Ein Partner lässt sich von seinem Partner mit verbunden Augen von Teller zu Teller führen, wo er die Obst- und Gemüsestücke fühlen, hören, riechen und schmecken muss. Nach jedem Test sagt er seinem sehenden Partner die Bewertung. Dieser malt die Frucht in die erste Spalte der Bestimmungskarte und entsprechende Smilies in die weiteren Spalten. Rollentausch. Das Wahrnehmungsspiel endet, wenn alle Teilnehmer ihre Karten ausgefüllt haben. Im Gesprächskreis stellt jeder sein Lieblingsgemüse oder Lieblingsobst vor. Danach werden die Karten im Gruppenraum aufgehängt. Zum Schluss bereiten vier Kinder einen Obstsalat und vier Kinder einen Gemüsesalat zu.

Baumscheibenkegel

Material: 8 bis 10 verschieden große Baumscheiben, bunte Fingerfarbe, Tennisball, 1 Gummiband

Spieler/innen: ab 2-5

Spielverlauf: Auf die Baumscheiben mit Fingerfarben Zielkreise oder Gesichter malen, trocknen lassen und dann schuppenförmig aufstellen. Den Tennisball an ein Gummiband knoten. Jeder Spieler hat drei Versuche, um die Scheiben mit dem Ball am Gummiband nach folgenden Spielregeln umzuwerfen:

* Wer trifft nur eine Scheibe?
* Wer trifft die meisten Scheiben?
* Wer trifft eine vorher bestimmte Scheibe?

Kastanienräuber

Material: Straßenkreide (siehe Seite 80) , pro Spieler 3 bis 4 Kastanien

Spieler/innen: ab 5

Spielverlauf: Einen Kreidekreis mit etwa 3 Meter Durchmesser auf den Boden malen. In den Kreis die Kastanien verstreut legen. Den Kastanienwächter auswählen und in den Kreis schicken. Die anderen Spieler müssen so viele Kastanien wie möglich aus dem Kreis räubern, ohne dabei vom Wächter mit der Kreide markiert zu werden. Das Spiel endet, wenn alle Kastanien aus dem Kreis geraubt sind oder jeder Spieler drei Kreidestriche bekommen hat.

Variation: Sich hüpfend auf beiden Beinen oder auf einem Bein fortbewegen.

Eichelzielwurf

Material pro Spieler: 5 Eicheln, 1 Nagel

Spieler/innen: ab 2

Spielverlauf: Jeder Spieler überlegt sich ein Muster und ritzt dies mit dem Nagel in seine Eicheln ein. In den Boden wird eine kleine Mulde gegraben. Aus drei bis fünf Meter Entfernung werfen die Spieler ihre Eicheln in das Loch. Wer die meisten Eicheln in der Mulde hat, darf

* die nächste Spielrunde beginnen,
* die Entfernung für die nächste Runde neu festlegen oder
* nach jeder Runde alle Eicheln behalten, die in der Mulde liegen.

4.5 Riesentiere und Nisthilfen

Kastanienspinne

Material: Kastanien, Handbohrer, Wollfaden (2 Meter Länge), 6 bis 8 Zahnstocher
Herstellung: In die Kastanie mit dem Handbohrer einen Kreis mit sechs bis acht Löchern bohren, Zahnstocher hineinstecken. Einen Wollfaden anknüpfen, möglichst nah an der Kastanie beginnen und jeden Zahnstocher umwickeln. Ein Spinnennetz spiralförmig nach außen wickeln. Auf eine Mauer oder einen Stuhl stellen und die Spinne am Faden entlang abwärts zappeln lassen. Wenn der Faden abgewickelt ist, beginnt das Spiel von vorn.

Herbstmandala

Material: getrocknete Samen, Beeren, Blätter, Blüten, Zapfen, Schneckenhäuser und andere herbstliche Naturmaterialien, bei Bedarf Klebstoff und Fotokarton
Herstellung: Mandalas sind geometrisch angeordnete Motive, die einen Mittelpunkt kreisförmig umschließen und Sternen, Blumen oder Spiralen ähneln. Die gesammelten Materialien stehen sortiert in verschiedenen Schalen bereit. Sie werden vom Mittelpunkt ausgehend nach außen gelegt – oder umgekehrt vom äußeren Rand nach innen. Soll das Mandala erhalten bleiben, wird es auf Fotokarton geklebt.

Riesentiere

Material: fester Papierbogen (120 x 160 Zentimeter), Malstifte, Schere, Kreppband, Steine, Kieselsteine, Laub, kleine Äste, Sand, Rindenmulch, Holzspäne
Herstellung: Auf den Papierbogen den Umriss von einem Fuchs, Eichhörnchen, Hase oder Vogel aufzeichnen und von der Mitte her ausschneiden – nicht am äußeren Rand beginnen, sonst reist die Figur schnell ein. Mit Kreppband den inneren Rand verstärken. Den Papierbogen an einem windgeschützten Platz ausbreiten und mit Stöckchen oder Steinen beschweren. Das Innere der Schablone mit Ästen, Laub, Rindenmulch oder kleinen Steinen ausfüllen. Die Schablone erst aufnehmen, wenn die Figur ausgefüllt ist.
Variante: Die Papierschablone auf einen großen Pappbogen legen und das Füllmaterial aufkleben.

Dreieckshöhle für Meisen

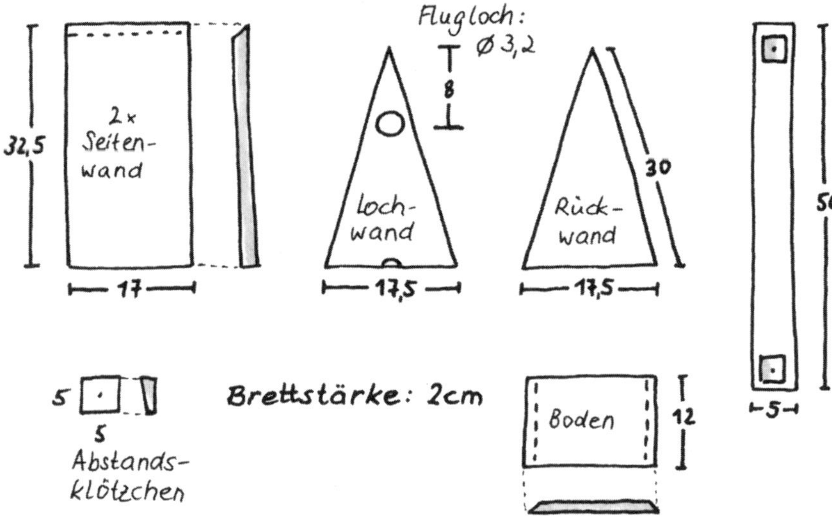

Die Einzelteile zusägen. Ablauflöcher in den Boden bohren, die Seitenwände oben auf halbe Holzstärke abschrägen. Die Fluglochwand unten mit einer Kerbe für die Halbflügelschraube versehen.
Da diese Nisthilfe keinen vorstehenden Dachgiebel hat, muss der Kasten mithilfe des Abstandsklötzchens leicht nach vorn geneigt hängen.

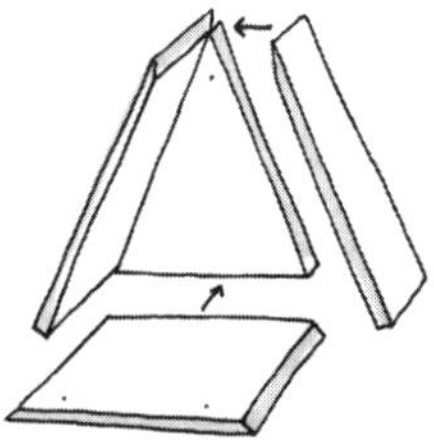

1. Seitenwände so anbringen, dass die abgeschrägten Kanten aufeinander liegen.

2. Seitenwände oben zusammennageln und abrunden.

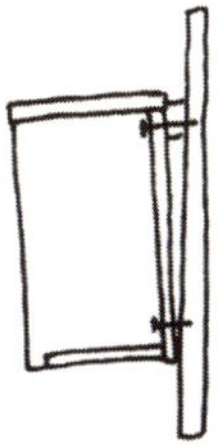

3. Rückwand und Boden befestigen.
4. Abstandsklötzchen und Aufhängeleiste anbringen.

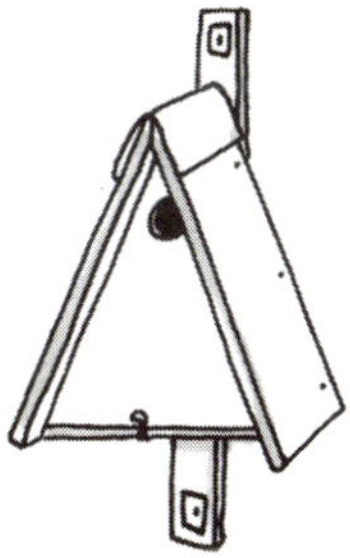

5. Fluglochwand einsetzen, je einen Nagel vor und hinter der Wand dient zum Festhalten. In die Vorderkante des Bodens eine Halbflügelschraube eindrehen. Anschließend den Giebel oder die ganzen Seitenwände mit Dachpappe verkleiden.

Nisthilfen für Vögel
Nistkästen für Meisen und Stare sollten im Herbst aufgehängt werden, damit die Vögel in der kalten Jahreszeit Schutz finden und sich frühzeitig an ihre neuen Behausungen gewöhnen können. Der Nistkasten sollte in etwa zwei Meter Höhe angebracht werden und das Flugloch nach Südosten ausgerichtet sein. Weitere Informationen über Nisthilfen und Bauanleitungen im Internet unter:
www.umweltwerkstatt-wetterau.de
www.nabu.de

Nisthilfen für Wildbienen

Material: Holunderstängel, Rosenschere, Bohrer, leere Konservendose, Draht
Herstellung: Im Spätherbst Holunderzweige schneiden, von Blättern und Seitentrieben befreien. Die Zweige mit einer Rosenschere auf Länge einer Konservendose kürzen. Das weiche Mark der Zweige etwa drei Monate trocknen lassen, damit es mit einem Bohrer ausgebohrt werden kann. Die Holunderzweige mit der Öffnung nach vorne so fest in die Dose stecken, dass die Vögel sie nicht herausziehen können. Die Dose mit einem Draht aufhängen und eventuell mit umweltfreundlicher Farbe bestreichen.

4.6 Die Walderoberung

Material: Zeichenpapier, Wachsmalstifte, 1 Karton mit Deckel (Schuhkarton), 5 Papprollen, 1 Handy, Erste-Hilfe-Tasche, 1 Rucksack mit Broten, Getränken und Obst, pro Kind 1 Tragetasche
Teilnehmer: etwa 10
Alter: ab 5 Jahre
Spielleitung: 1 Spielleiterin und 1 Begleitung
Spielzeit: 60 bis 90 Minuten (ohne Wegstrecke, mit Picknick)
Spielort: nahe gelegenes Waldstück
Spielverlauf: Vor dem geplanten Termin erkunden die Spielleiterin und ihre Begleitung die Wegstrecke sowie das Terrain, auf dem die Entdeckungsspiele stattfinden sollen, und informieren den Förster über die Unternehmung – dient der Sicherheit der Teilnehmer. Am Aktionstag macht sich die Gruppe in wettergerechter Kleidung auf den Weg und verabredet folgende Verhaltensregeln:

* Ertönt ein bestimmtes Zeichen, kommen alle sofort zum Sammelplatz.
* Niemand verlässt die Wegstrecke oder das Terrain mit den Stationen.
* Niemand reißt Pflanzen aus der Erde oder Pflanzenteile ab.
* Unterwegs wird nichts gegessen! Es wird gemeinsam beim Picknick gegessen.

Nach dieser Einführung macht sich die Gruppe auf den Weg. Am Zielort dürfen die Kinder das Waldstück auskundschaften, bis das Zeichen zum Picknick gegeben wird. Danach beginnt die Rallye. Die Gruppe teilt sich in die Hasen- und die Igelgruppe. Die Spielleiterin und ihre Begleitung stehen an zwei voneinander entfernten Posten mit den Aufgabenkarten, die sie den Kindern vorlesen. Nach jeder gelösten Aufgabe gehen die Hasen und Igel abwechselnd zu den beiden Posten, um sich die nächste Aufgabe abzuholen. Die Erwachsenen überprüfen und bestätigen die Ergebnisse. Die gesammelten Dinge legt jede Gruppe an eine markierte Stelle und eines der Teile für das Tastkim in einen Karton. Haben beide Gruppen alle Aufgaben gelöst, präsentieren sie sich gegenseitig ihre Ergebnisse.

17 Aufgaben zur Walderoberung:

* Wie heißt der Baum, der immer grün ist? Singt ein Lied über diesen Baum.
* Sammelt drei Zweige von verschiedenen Nadelbäumen! Kennt ihr die Namen?
* Sammelt drei Tannenzapfen!
* Sammelt drei verschiedene Laubblätter. Nennt die Namen der dazu gehörigen Bäume.
* Sucht je einen Baum mit einer glatten und einer rauen Rinde.
* Sammelt ein Stück Rinde!
* Macht ein Bild von der Baumrinde – legt das Papier auf die Rinde und malt mit dem Wachsstift darüber.
* Nennt die Namen von fünf Waldtieren! Wie heißen die Behausungen dieser Tiere?
* Was fressen Waldtiere!
* Sammelt drei verschiedene Herbstfrüchte!
* Wie heißt der rote Pilz, der sehr giftig ist?
* Sammelt etwas Grünes!
* Sammelt etwas Hartes!
* Erfühlt die Gegenstände in dem Karton und nennt deren Namen (Tastkim).
* Sammelt einige Stöcke und erfindet ein Hüpfspiel.
* Schaut durch eine Papprolle, sucht einen Platz und baut dort mit euren gesammelten Dingen eine kleine Waldwelt auf. Überlegt eine kurze Geschichte: Wer lebt dort? Wie heißen die Bewohner? Wie verbringen sie ihren Tag? Wer sind die nächsten Nachbarn?
* Erzählt uns eure Geschichte Die Bewohner der kleinen Waldwelt.

Abschluss: Auf einem Bein hüpfend das alte Kinderlied *„Ein Männlein steht im Walde!"* singen (siehe Seite 92). Dann einige Erinnerungsstücke sammeln und in der Tragetasche transportieren. Später daraus eine Schatzkiste anfertigten.

WiNTER

Dem meteorologischen Winter werden die Monate Dezember, Januar und Februar zugeordnet. In der Regel weicht der phänologische Winteranfang erheblich vom meteorologischen ab, denn nach dieser Zeitrechnung zeigt er sich erst mit einer dauerhaften Schneedecke. Nach dem astronomischen Kalender beginnt der Winter wiederum am 21. Dezember mit der Wintersonnenwende, der längsten Nacht im Jahr, wenn die Sonne ihren tiefsten Punkt überschreitet und die Nächte allmählich wieder kürzer werden. Als Höhepunkt dieser Zeit feiern wir am 24. Dezember die Geburt Jesu Christi mit vielen verschiedenen Weihnachtsbräuchen, die sich im Laufe der letzten Jahrhunderte entwickelt haben. Der 31. Dezember, auch Sylvester genannt, ist der 365. Tag des Gregorianischen Kalenders (in Schaltjahren der 366. Tag) und somit der letzte Tag des Jahres. Im Februar / März endet das bunte Faschingstreiben und beginnt nach christlichem Brauch die 40-tägige Fastenzeit vor dem Osterfest (siehe Seite 34). Ursprünglich sollte mit den noch heute vielerorts lebendigen vorchristlichen Fastnachtsbräuchen der Winter ausgetrieben werden, ehe er sich mit der Frühlingstagundnachtgleiche in der Nacht zum 21. März endgültig verabschiedet.
Wenn die Temperaturen sinken und die Böden hart gefroren sind, wird die Futtersuche für viele Tiere zum Problem. Einige Tiere verzehren jetzt ihre im Herbst angelegten Nahrungsvorräte, während andere ihre Fettreserven abbauen oder ihre Aktivitäten stark einschränken. Wieder andere Tiere tun es den Pflanzen gleich und schlafen oder halten Winterruhe. Wer aber im Garten, im Wald, im Stadtpark, auf Feldern und Wiesen genau hinschaut, entdeckt auch in dieser kalten Jahreszeit allerlei Lebenszeichen. Überall lassen sich Vögel, Wildtiere und sogar blühende Sträucher entdecken und beobachten.
Der Winter mit seinen meist niedrigen Temperaturen bietet den Kindern scheinbar nur wenige Gelegenheiten für ausgedehnte Spiele im Freien. Ausgestattet mit warmer Kleidung können sie jedoch auch an kalten und feuchten Tagen reichlich neue Erfahrungen sammeln und die typisch winterlichen Naturerscheinungen und die ersten Anzeichen des Vorfrühlings eindrucksvoll erleben. Besonders interessant ist in dieser kalten Jahreszeit die früh hereinbrechende Dunkelheit, wenn sich am wolkenlosen Abend- und Nachthimmel die schönsten Sternbilder zeigen.

- **4. Dezember** – St. Barbara, die Schutzpatronin der Bergleute und Soldaten. Brauch ist es, an diesem Tag Zweige von Obstbäumen in die Vase zu stellen, damit sie Weihnachten blühen.

- **6. Dezember** – St. Nikolaus lebte im 4. Jahrhundert in der Türkei. Um ihn ranken sich viele Legenden.

- **13. Dezember** – St. Lucia, Märtyrerin aus Syrakus (3. Jahrhundert), die besonders in Schweden mit traditionellen Lichterfesten gefeiert wird.

- **22. Dezember** – Winteranfang.

- **24. Dezember** – Heiligabend, Vorbereitung auf die Geburt Jesus.

- **25. Dezember** – 1. Weihnachtsfeiertag, das Hauptfest der christlichen Kirche in Erinnerung an die Geburt Jesus in Bethlehem.

- **26. Dezember** – 2. Weihnachtsfeiertag, Tag der unschuldigen Kinder in Erinnerung an die von dem König Herodes getöteten Kinder.

- **31. Dezember** – Sylvester, nach dem gregorianischen Kalender der letzte Tag im Jahr.

- **1. Januar** – Neujahr, nach dem gregorianischen Kalender der erste Tag im neuen Jahr.

- **6. Januar** – Heilige Drei Könige, Gedenktag zur Erinnerung an die drei Weisen aus dem Morgenland, die mit Geschenken kamen, um das Jesuskind anzubeten.

- **Februar / März** – Fastnachtzeit (Fasching, Karneval) – Ursrprünglich bereiteten sich die gläubigen Katholiken in diesen sechs Tagen mit einer 40-tägigen Fastenzeit auf das Osterfest vor, die mit dem Aschermittwoch beginnt. Das närrische Treiben geht auf viele vorchristliche Bräuche zurück, mit denen der Winter ausgetrieben werden sollte.

5.1 Frau Sonne auf ihrer Winterwanderung

Geschichte zum Winteranfang

Zur Vorbereitung und Umsetzung dieser Jahreszeit-Geschichte siehe Seite 35.

21. Dezember, Wintersonnenwende. Heute beginnt der kürzeste Tag des Jahres. Wo aber bleibt Frau Sonne? Fast sieht es so aus, als wäre sie heute zu schwach für ihre Winterwanderung. Endlich erscheint sie langsam am Horizont. Es ist kurz vor 8 Uhr. Seit der erste Schnee die Waldwiese bedeckt hat, ist es still geworden. Hirsche und Rehe stehen dicht beieinander und warten frierend auf Frau Sonne. Obwohl sie ihre dicken Winterpelze tragen, können sie die ersten Sonnenstrahlen des Tages kaum erwarten, um sich nach der bitterkalten Nacht ein wenig aufzuwärmen. Da kommt Frau Hase vorbei. Sie hat schon im Herbst ihr Winterfell angezogen und sich eine ordentliche Speckschicht angefuttert. „Guten Appetit!", ruft Frau Sonne ihr zu. „Danke, danke!", murmelt sie ohne aufzuschauen, während sie vergeblich einige Waldfrüchte frei zu scharren versucht und schon zum großen Kastanienbaum weitereilt, um an seiner Rinde zu knabbern. Die Kastanie stört das wenig. Sie hält Winterschlaf. Ihren Saft, den sie im Frühling für die Blüten und Blätter braucht, hat sie in ihrem Stamm und den Wurzeln versteckt.

Frau Sonne wandert zum kleinen Waldsee, der schon beinahe ganz zugefroren ist. An den herunterhängenden Zweigen der Weide picken einige Meisen. Um sich vor der Kälte zu schützen, haben sie ihre Federn weit aufgeplustert. „Hallo ihr kleinen Federbälle!", grüßt Frau Sonne und ist schon auf dem Weg zur Waldwiese.

Doch was ist denn hier los? Überall im Schnee sind Spuren von Frau Hase, Herrn Fuchs, Familie Reh, Waltraut Waldmaus und sogar von Elli Eichhörnchen. Vergnügt singt Frau Sonne vor sich hin:

„A, B, C, Herr Fuchs lief in den Schnee.
Und als er wieder raus kam,
da hat er weiße Stiefel an.
A, B, C, Herr Fuchs hat kalte Zeh!"

Da hört sie ein deutliches Rascheln. „Elli Eichhörnchen, was machst du denn hier? Ich dachte, du hältst Winterschlaf?" fragt Frau Sonne sehr erstaunt. „Manchmal schlafe ich, manchmal wache ich," wispert Elli Eichhörnchen, „gerade suche ich

einige Nüsse, die ich im Herbst hier vergraben habe." Beruhigt wandert Frau Sonne weiter, bis sie am anderen Ende der Waldwiese auf Menschenspuren stößt.
Zwei große und zwei kleine Menschen stapfen durch den Schnee in eine Tannenschonung. Sie sind warm angezogen. Sie tragen dicke Anoraks, Mütze, Handschuhe und warme Winterstiefel. Sie haben einen Schlitten und eine Säge dabei. Was haben sie vor? Ja richtig! Sie wollen einen Tannenbaum aus dem Wald holen, denn in ein paar Tagen ist Weihnachten. „Zisch, zisch, zisch!" tönt das Geräusch der Säge. Sie schnüren die kleine Tanne auf den mitgebrachten Schlitten, machen sich auf den Heimweg und singen ein paar Weihnachtslieder, deren Melodien aus der Ferne bis zu Frau Sonne hinüber klingen. Obwohl es erst Nachmittag ist, zieht Frau Sonne sich allmählich zurück.
Es ist 16 Uhr und die frühe Dämmerung geht in die Dunkelheit über. Und tatsächlich, da sind bereits ihre Nachbarn Venus und Mars zu sehen. Frau Sonne holt ihr Fernrohr heraus und murmelt leise vor sich hin: „Ja, guter alter Freund! Ich sehe genau, was du tust. Deine 800 Mondkrater, Berge und Mondmeere sehen allerdings ziemlich trocken und verstaubt aus." Der Sternenhimmel ist in dieser Nacht besonders eindrucksvoll. Hoch über dem Firmament wölbt sich die Milchstraße mit ihren vielen Sternhaufen und lädt Frau Sonne zu einem nächtlichen Besuch ein.

Wintertipps für fitte Kinder

- Nach dem Warmduschen immer kalt abbrausen, um die Durchblutung anzukurbeln und die Abwehrkräfte zu mobilisieren.
- Mindestens 30 Minuten am Tag an die frische Luft und in die Sonne. Das ist gut für die Schleimhäute, stärkt das Knochenwachstum (Vitamin D) und fördert das seelische Wohlbefinden.
- Regelmäßige Bewegung an der frischen Luft ist gut für das körperliche Wohlbefinden. Sport und Spiel mobilisieren die Abwehrkräfte, fördern eine tiefe Atmung und verbessern die Durchblutung.
- Wetterfeste und der Witterung angepasste Kleidung schützt vor Auskühlung: Atmungsaktive Hosen und Anoraks, warme Socken, gutes Schuhwerk und Mützen (die meiste Körperwärme geht über den Kopf geht verloren) sind im Winter unentbehrlich.

Bildbetrachtung mit Bildersucher

Gerade an trüben Wintertagen bietet ein Besuch im Naturkunde- oder Kunstmuseum eine willkommene Abwechslung. Aber in auch Bildbänden und im Internet lassen sich viele jahreszeitliche Objekte und Kunstbilder entdecken.

Die Elster (1869) von Claude Monet eignet sich besonders gut für eine intensive Beschäftigung und Auseinandersetzung mit der Lupe oder dem Bildersucher. Durch Verschieben des Rahmens wird ein Bildausschnitt fokussiert.
Das Werk ist in verschiedenen Kunstbänden zu finden.

- Welche Jahreszeit hat Claude Monet auf diesem Bild gemalt?
- Findest du den Vogel auf dem Bild? Weißt du wie der Vogel heißt? (Elster)
- Wo sitzt die Elster? Ruht sie sich aus? Worauf wartet sie?
- Wo sind die anderen Vögel / Tiere?
- Wer wohnt in dem Haus? Wo sind die Menschen?
- Wie würdest du den Winter malen?

Herstellung des Bildersuchers: Aus vier Streifen Tonkarton zwei rechte Winkel anfertigen und wie einen Bilderrahmen als Rechteck oder Quadrat zusammenlegen. Der gewünschte Bildausschnitt bestimmt die Größe des Bildersuchers.

Bauernregeln für den Winter

- *Zweige schneiden zu Sankt Barbara, Blüten sind bis Weihnachten da.*
- *Ein Winter ohne Schnee, tut den Bäumen weh.*
- *Regen an St. Nikolaus, wird der Winter streng und graus.*
- *Ist's Heiligabend hell und klar, folgt ein höchst fruchtbares Jahr.*
- *Heilige Dreikönig sonnig und still, der Winter vor Ostern nicht weichen will.*
- *Im Februar Schnee und Eis, macht den Sommer heiß.*
- *Kommt die wilde Ente, hat der Winter ein Ende.*

Winter

Winter ist ein Hexenmeister,
macht aus Bäumen weiße Geister,
und aus Häusern Sahnetorten,
Glitzerschnee liegt allerorten,
Zuckerguss auf allen Teichen,
bietet Kurzweil ohnegleichen.
Alte freuen sich und Junge,
wenn der Schnee schmilzt auf der Zunge.
Schnee glänzt schneeweiß,
wenn es schneit,
doch wenn's taut,
macht Schmutz sich breit.

Spielanregung: Mit Tapetenrolle, Bunt-, Krepppapier, Federn, Glitzer, Watte, Stoffesten, Malstiften und Klebstoff stellen die Kinder ein fantasievolles Winterszenario her.

Die drei Spatzen

Christian Morgenstern

In einem leeren Haselstrauch,
da sitzen drei Spatzen Bauch an Bauch.
Der Erich sitzt rechts und links der Franz
und mittendrin der freche Hans.
Sie haben die Augen zu,
und drüber schneit es, hu!
Sie rücken zusammen dicht an dicht,
so warm wie der Hans hat's niemand nicht.
Sie hör'n alle drei ihrer Herzlein Gepoch,
und wenn sie nicht weg sind, so sitzen sie noch.

Spielanregung: Das Gedicht als Menschen-Schattenspiel inszenieren.

5.2 Spuren im Schnee

Bunte Winterblüher

Wenn Frost und Schnee noch auf sich warten lassen, können die Kinder im Garten die Christrose mit ihren weißrosa Blüten und der Winterjasmin mit gelben Sternblüten entdecken. Sollten Frost und Schnee das Wachstum zum Stillstand bringen, blühen sie im Frühjahr noch einmal.
Für einige Pflanzen beginnt ab Mitte Januar die neue Wachstumsperiode. Die ersten Schneeglöckchen sind an geschützten Stellen im Garten zu entdecken. Je nach Witterung blühen schon Haselnuss und Birke als Vorboten des Frühlings. Auch an den Zweigen der Kastanien, Weiden, Forsythien, Magnolien, Buchen und Obstbäume sind die Knospenansätze schon weit gediehen.
Einige Zweige vorsichtig abschneiden und in einer Vase an einen sonnigen Ort in der Wohnung stellen. In den nächsten zwei Wochen die weitere Entwicklung der Knospen mit der Lupe verfolgen.

Bäume im Winter vergleichen

Bäume wachsen von innen nach außen und nur an ihrer Spitze nach oben. Ein Baum kann zwar viele Meter hoch werden, der Stamm selbst aber wird hauptsächlich breiter. Die äußeren Schichten platzen dabei auf, weil sie zu eng werden. Bei jungen Bäumen ist die Rinde noch ziemlich weich und dehnbar. Bei einem großen und stattlichen Baum sind die äußeren Schichten trocken und reißen leicht ein. Bei schnell wachsenden Bäumen wie der Birke ist die Rinde deshalb besonders rau.
In den Wintermonaten, wenn die Bäume keine Blätter tragen, lassen sich ihre Formen und Gestalten besonders gut vergleichen. Rinde (Borke), Astgabelungen und Ausrichtung der Äste zeigen an, um welchen Baum es sich handelt. Bei näherem Betrachten sind sogar Winterknospen zu sehen, die bereits die nächsten Triebe und Blätter in sich tragen.

Das Alter der Bäume herausfinden

Jedes Jahr nimmt der Baumstamm zu. Er bekommt im Frühjahr einen hellen und im Herbst einen dunkleren Ring. Breite Ringe erzählen von guten Jahren mit viel Licht und Feuchtigkeit, schmale Ringe erzählen von schlechten Jahren, in denen es trocken oder zu kalt war. An gefällten Baumstümpfen die Jahresringe zählen und das Alter des Baumes errechnen.

Mein Baumbuch

Material: Papier (DIN A4), Heftzwecken, Wachsmalstift, gepresste Blätter, getrocknete Baumfrüchte, Klebstoff (Kleister), Tacker mit Heftklammern
Herstellung: Papier mit Heftzwecken am Baumstamm befestigen. Mit dem Wachsmalstift die Papierfläche bemalen, bis der Abdruck von der Baumrinde erkennbar ist – aufpassen, dass das Papier nicht reißt. Getrocknete oder selbst gemalte Blätter und Früchte der Baumart dazu kleben – Abbildungen in diversen Natursachbüchern und im Internet unter www.baumkunde.de raussuchen. Diesen Vorgang mit verschiedenen Baumarten wiederholen. Die fertigen Papierseiten später in einem Ordner oder Papphefter zusammenfassen und den Umschlag dekorieren.

Spurensuche im freien Gelände

Auch wenn bei Winterspaziergängen kaum Tiere zu sehen sind, finden sich überall ihre Spuren. Zahlreiche Tiere halten nämlich nur Winterruhe statt Winterschlaf und sind deshalb auf Futtersuche. An Weidezäunen, in Büschen und an Baumrinden hängen Haarreste von Felltieren. Auf dem Boden liegen Vogelfedern und angefressene Fichtenzapfen. Während das Eichhörnchen und die Waldmaus erst die Schuppen abnagen, picken Specht und Fichtenkreuzschnabel die Samen direkt heraus. Die Fraßspuren sehen dann so aus:

Waldmaus

Eichhörnchen

Specht

Seltene Spuren im Wald

Gelegentlich hinterlässt das Rotwild im Wald eine ganz besondere Spur. Wenn das Geweih bei Reh und Hirsch nachwächst, beginnt das alte Geweih zu jucken und wird gegen Anfang oder Ende des Winters durch Reiben und Fegen an Ästen und Baumstämmen abgestoßen.

Spuren an Futterstellen

In der Nähe von Wildfutterstellen gibt es viele Spuren und Fährten zu entdecken und zu vergleichen. Führen die Spuren von einem Baum weg, stammen sie meist von Eichhörnchen. Fuchsfährten befinden sich an Gräben und Hecken, Hasenspuren in der Nähe des unterirdischen Baus. Rotwild hinterlässt seine Fährten meist im Wald und auf Waldwegen.

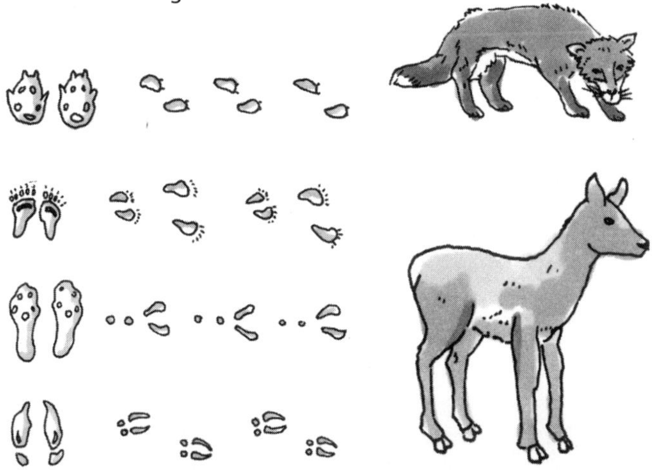

Fuchs

Eichhörnchen

Hase

Rotwild

Warum frieren Vögel auf dem Eis nicht fest?
Vögel besitzen eine besondere Fähigkeit zur Regelung ihrer Körpertemperatur. Im Körper beträgt sie 40 Grad und nimmt entlang der Beine rasch ab. Auf der Eisschicht liegt die Temperatur in den Schwimmhäuten genau am Gefrierpunkt. Der Blutkreislauf der Vögel sorgt dafür, dass ihre federlosen Füße nicht auskühlen. Das warme Blut, das vom Herzen kommend in die Füße fließt, strömt dicht an den Adern vorbei, die das kalte Blut aus den Füßen zum Herzen transportieren.

Vogelfutter im Winter

Um im Winter überleben zu können, sind die Vögel ständig auf der Suche nach alten und neuen Nahrungsquellen. In den kalten Monaten ist energiereiche Fettnahrung besonders beliebt. Amseln, Spechte, Meisen und Kleiber fressen gerne ölhaltige Sonnenblumenkerne. Pflanzenfresser wie das Rotkehlchen ernähren sich eher von Beeren und Früchten.

Futterschirm

Material: Restholz aus der Schreinerei, Schraubringe, feste Kordel, Handbohrer

Herstellung: Mit dem Handbohrer je ein Loch in die vier Ecken bohren, ein Kordelstück durch jedes Loch ziehen und unter dem Brett verknoten. Anschließend die vier Enden miteinander verknoten. Die Schraubringe in das Brett drehen, die Kordeln der Futterkekse anknoten und den Futterschirm an einem hohen Baum, auf einem Besenstil oder in einem Sonnenschirmständer befestigen.

Futterzapfen

Material: Tannenzapfen, 250 Gramm Kokosfett, Futtermischung aus dem Fachhandel, Kordelband

Herstellung: Einen Faden zum Aufhängen an die Tannenzapfen knoten. Kokosfett in einem Stieltopf bei mittlerer Hitze schmelzen. Danach das Fett etwas abkühlen lassen. Die Körnermischung in das Fett rühren und die Zapfen in die Masse eintauchen, auf einen Teller legen und fest werden lassen. Die fertigen Futterzapfen unter dem Futterschirm oder an einem hohen Ast befestigen. Vorsicht, Fett kann brennen!

Futterkekse

Material: Sonnenblumenkerne, Kürbiskerne, Nusskerne (ungesalzen), reines Kokosfett oder Schmalzfett von guter Qualität, kleine Backformen, Kochtopf, Kochlöffel, Alufolie, Nägel, Kordel

Herstellung: Die Backformen auf ein Stück Alufolie setzen. Folie hochkrempeln. Den Boden mit einer feinen Körnerschicht bedecken. Kokosfett in einem Stieltopf bei mittlerer Hitze schmelzen. Das Fett etwas abkühlen lassen. Die Futtermischung einrühren, abkühlen lassen, bis sich die Masse formen lässt. In jedes Plätzchen einen Nagel stecken, ein paar Stunden auskühlen lassen. Die Nägel vorsichtig herausdrehen und eine Kordel durch die Löcher ziehen. Die Futterkekse an einem geschützten, gut einsehbaren Platz aufhängen.

Tipps für eine sachgerechte Fütterung

* Erst mit dem Füttern beginnen, wenn der Boden gefroren und mit Schnee bedeckt ist.
* Essensreste und aufquellende Nahrungsmittel wie Brot und Zwieback, gesalzene Speisen gehören nicht ins Futterhaus. Einzige Ausnahme: klein geschnittenes Obst, ungesalzene Speckschwarten.
* Das Futter darf nie nass werden, da sich Krankheitskeime bei Temperaturen über dem Gefrierpunkt rasch vermehren.
* Die Futterstelle muss so konstruiert sein, dass Futter und Kot sich nicht vermischen können. Die Gefahr einer epidemieartigen Übertragung von Salmonellen ist sehr groß.
* Tote Vögel sofort von der Futterstelle entfernen! Danach die Futterstelle gründlich mit kochendem Wasser reinigen.

5.3 Wintergemüse und Wintereis

Eine vollwertige, ausgewogene Mischkost versorgt Kinder bestens mit allen lebenswichtigen Nährstoffen und steigert zugleich ihre Abwehrkräfte. Deshalb gehören frisches Obst und Gemüse der Saison (mal roh und mal gekocht), Nüsse, Vollkorn- und Milchprodukte täglich auf den Tisch. Mit ihrem hohen Vitamin-C-Gehalt eignen sich Sauerkraut und Kartoffeln ebenso als Antischnupfenmittel wie Kiwis, Grapefruits oder Orangen.

Wintergemüse

Heimisches Wintergemüse wie Kohl-, Wurzel- und Knollengemüse haben Hochsaison. Es ist die Zeit von Weiß- und Rotkohl, Rosen- und Grünkohl, Brokkoli, Möhren, Rote Beete und Pastinaken.

Tipp: Gemüse so kurz wie möglich garen, damit die Nährstoffe erhalten bleiben. Eventuelle Reste schnell abkühlen, im Kühlschrank aufbewahren und erst bei Bedarf aufwärmen.

Wintersalate

Feldsalat, Chicoree und Endivien kommen auch im Winter frisch auf den Markt.

Tipp: Erst kurz vor dem Essen gründlich, aber nur kurz waschen und anmachen. Das schont die Nährstoffe. Kaltgepresstes Rapsöl für die Marinade verwenden.

Winterobst

Typisch heimische Winterobstsorten sind Äpfel und Birnen. Sie lassen sich gut lagern und kommen noch bis weit in das Frühjahr hinein frisch und knackig in den Handel.

Tipp: Nach gründlicher Reinigung mit Schale essen, denn darunter stecken die meisten Vitamine.

Winterdurstlöscher

Wohltuend sind heiße Getränke wie erwärmter Johannisbeer- oder Holundersaft.

Tipp: Viel Trinken! Das hält die feinen Härchen in den Atemwegen feucht und beweglich. Nur so können eine Barriere gegen Bakterien und Viren bilden.

Winterwärmepunsch

Zutaten: 1/2 Liter Johannisbeer- oder Holundersaft, 1/2 Liter Hibiskus- oder Brombeertee, 1 Orange, 1/4 Zimtstange, 1 Gewürznelke, 1 Sternanis, Honig
Zubereitung: Saft mit den Gewürzen erhitzen und ziehen lassen. Den Tee aufgießen und ziehen lassen. Gewürze aus dem Saft entfernen – durch ein Sieb gießen. Saft und Tee vermischen. Eventuell mit Honig süßen. Orange schälen, in feine Scheiben schneiden und hinzufügen. Heiß servieren.

Gemüsefinger mit Knoblauch-Kräuter-Jogurtsoße

Zutaten: 250 Gramm Naturjogurt, 1 Päckchen tiefgekühlte Kräuter, 2 Knoblauchzehen, 3 mittelgroße Möhren, 1 Kohlrabi, 1 Fenchel, 1 Rettich, Salz, Pfeffer
Zubereitung: Knoblauchzehen schälen und pressen, mit Naturjogurt und Kräutern in einer Schüssel vermischen, ziehen lassen. Gemüse putzen, in fingerdicke Streifen schneiden und auf einem großen Teller fantasievoll anrichten. Jogurtsoße mit Salz und Pfeffer abschmecken. Mit den Gemüsefingern servieren.

Wintereis

Zutaten: 1 unbehandelte Zitrone, 200 Gramm Naturjogurt, 3 Esslöffel Puderzucker, 300 Gramm tiefgekühlte Beeren (Heidelbeeren, Erdbeeren oder Himbeeren), Milch
Zubereitung: Zitrone heiß abwaschen. Schale über einer Schüssel abreiben. Zitrone halbieren, auspressen, in die Schüssel gießen. Mit 1 Esslöffel Puderzucker und Jogurt cremig rühren. Beeren mit restlichem Puderzucker in ein schmales, hohes Gefäß geben. Milch aufgießen, bis die Beeren knapp bedeckt sind. Kurz antauen lassen. Mit dem elektrischen Pürierstab fein pürieren. Den Beereneisbrei in vier Gläser verteilen und mit Zitronencreme übergießen. Mit Beeren und Puderzucker verzieren.

5.4 Schneeflöckchen im Winterland

Abzählverse

Schneeballkönig wirft den Ball,
Schneeballkönig trifft überall,
Schneeballkönig sein ist fein,
du sollst es sein.

Erzähl mir kein Märchen
von dem Schneehuhn Klärchen,
von dem Schneehasen Klaus
im eiskalten Haus,
denn du bist raus.

Apfel, Nuss und Mandelkern
essen alle Kinder gern.
Jedes isst so viel es kann,
du bist dran.

Brauner Bär, weißer Bär
hockt in seiner Hütte.
Berührt er dich,
berührt er mich,
der darf in die Hütte.

Auf einem Berg aus Schnee,
da saß ne schöne Fee,
es fror ihr fast die Nase ein,
du musst es sein.

Jojo-Jojo

Material: pro Teilnehmer eine Augenbinde oder Halbmasken ohne Guckloch, Absperrseil
Spielleiterin: 1
Spieler/innen: 6 bis 8
Spielverlauf: Die Spielleiterin grenzt mit dem Absperrseil ein übersichtliches, ungefährliches Terrain (Nordpol) ab und markiert den Ausgangspunkt (Forschungsstation). Die Expeditionsgruppe erkundet das Terrain. Plötzlich kommt der arktische Schneesturm Jojo-Jojo, bei dem nicht einmal mehr die eigene Hand vor Augen zu erkennen ist. Jeder Mitspieler erhält eine Augenbinde oder Halbmaske. Die Spielleiterin ruft: *„Jojo-Jojo ist da! Rettet euch! Geht schnell zurück ins Zeltlager!"* Wer als Erster blind zum Startpunkt zurückfindet, hat gewonnen.

Schneeballkönig

Material: Schnee
Spieler/innen: 3 bis 10
Spielverlauf: Die Spieler stehen eng im Kreis. Der gewählte Schneeballkönig wirft einen Schneeball in die Höhe und ruft den Namen eines Mitspielers. Während dieser schnell den Schneeball fängt, laufen die anderen fort. Der Fänger macht drei große Schritte auf einen der Läufer zu und bewirft ihn dann mit dem Schneeball. Trifft er, darf er noch einmal der Schneeballkönig sein. Trifft er nicht, wird der Beworfene zum Schneeballkönig.
Tipp: Am besten klebrigen Pappschnee verwenden. Aus Pulverschnee lässt sich kein fester Schneeball formen.

Bärenfangen

Material: langer, dünner Ast, alte Pelzkappe
Spieler/innen: 6 bis 12
Spielverlauf: Der Bär, mit Pelzkappe auf dem Kopf, hockt in der Mitte. Die anderen Spieler stehen im Kreis um den Bären und versuchen, sich ihm zu nähern. Der Bär wehrt sich mit seinen Krallen (Ast). Er darf aber nicht aufstehen. Erwischt er mit dem Stöckchen einen der Angreifer, ist dieser der nächste Bär. Gelingt es einem Angreifer, dem Bär die Kappe zu entwenden, springt der Bär auf und rennt los, um einen der übrigen Angreifer zu fangen. Fängt er einen Angreifer, ist dieser der nächste Bär. Wem es gelingt, den Bär auf dem Kopf zu berühren, darf natürlich nicht gefangen werden.

Zauberer im Winterwald

Material: Schminke in zwei Farben, Stöckchen
Spieler/innen: 10 bis 16
Spielverlauf: Die Spieler bilden zwei gleich große Mannschaften – die Wanderer und die Zauberer. Jede Gruppe erhält eine Schminkfarbe und malt sich ein Zauberzeichen ins Gesicht. Die Zauberer erhalten ein Zauberstöckchen. Sobald sie damit einen Wanderer berühren und dazu den Zauberspruch *„Rideldum, Rideldeis, du bist Eis"* sagen, erstarrt dieser zu einer Statue. Die Statue darf um Hilfe rufen. Die anderen Wanderer lösen diesen Zauber wieder auf, wenn sie die

Statue mit der Hand berühren und zur Erlösung den Zauberspruch *„Eins, zwei, Eulendreck, das Eis ist weg"* rufen. Nach Ablauf der abgesprochenen Spielzeit werden die Rollen getauscht. Welcher Zauberer konnte die meisten Wanderer verzaubern?

ParkwieseneIfen

Material: Steine, Stöckchen, Zapfen, Laub, Tannenzweige – kein Moos ausreißen!
Spieler/innen: 4
Spielverlauf: Die Kinder sammeln Steine, Zapfen, Stöckchen und Laub auf der Parkwiese. Ein warm gekleidetes Kind spielt die Parkwiesenelfe. Es liegt mit ausgestreckten Armen und Beinen auf dem Boden. Die anderen Mitspieler bilden mit den gesammelten Naturmaterialien den Körperumriss der Elfe nach. Ist der Umriss fertig, helfen sie dem Kind beim Aufstehen, damit das Bild nicht beschädigt wird. Ist genügend Zeit und Lust vorhanden, können weitere Parkelfenbilder gelegt werden.
Variation: Besonders interessant sehen Elfenbilder auf einer schneebedeckten Wiese aus.

Jagd im Winterwald

Material: Sägespäne, Getränke und Obst für ein Picknick (jedes Kind trägt seinen Anteil)
Spieler/innen: 20
Spielleitung: 1 Spielleiterin, 2 Helfer
Spielverlauf: Die Gruppe der Spurenleger (etwa 5 Kinder mit einer Spielleiterin) kennt die Strecke zur Schutzhütte und bekommt 20 Minuten Vorsprung, um die Strecke mit Sägespänen zu markieren. Sie dürfen aber auch falsche Spuren legen, die nach kurzer Zeit im Nichts enden. Am Endpunkt angekommen, verstecken sich die Spurenleger im Umkreis von etwa 20 Metern. Alle anderen Mitspieler sind die Jäger. Gelingt es ihnen in der verabredeten Zeit, der Spur zu folgen und alle Spurenleger zu entdecken, haben sie gewonnen. Die Jagd im Winterwald endet mit einem kleinen Picknick.

Schneeflöckchen, Weißröckchen

Material: pro Teilnehmer ein weißes Seidentuch oder eine Papierserviette
Spieler/innen: 20 bis 25
Spielverlauf: Beim Singen des bekannten Winterliedes bewegen sich die Kinder mit ihren Tüchern passend zum Text: Mit dem Tuch winken und frei durch den Raum gehen. Stehen bleiben und mit ausgestrecktem Arm Malbewegungen ausführen. Das Tuch knüllen, in die Luft werfen und wieder auffangen. Das Tuch schwenken den Kopf bedecken und in die Hocke gehen.

2. *Komm, setz dich ans Fenster, du lieblicher Stern,*
   malst Blumen und Blätter, wir haben dich gern.

3. *Schneeflöckchen, Weißröckchen wann kommst du ins Tal,*
   dann bauen wir den Schneemann und werfen den Ball.

4. *Schneeflöckchen du deckst uns die Blümelein zu,*
   dann schlafen sie sicher in himmlischer Ruh'.

5.5 Winterwörter und Eislaterne

Bunte Asttiere

Material: seltsam geformte Äste, Messer, Beitel, Sandpapier in verschiedenen Stärken, Stoff-, Papierreste, Federn, Wandfarbe, Pinsel, Modellierton, Klebstoff
Herstellung: Vorsichtig die Rinde vom Ast schälen und glatt schmirgeln. Den Ast entsprechend seiner Form wie eine Schlange, ein Waldungeheuer, ein Vogelwesen oder eine andere Fantasiegestalt bunt anmalen. Trocken lassen. Aus den Stoff- und Papierresten oder dem Modellierton Augen, Zähne, Zunge, Ohren, Nase, Maul, Schnabel, Schwanz formen und an den Körper kleben.

Winterwörtertrimino

Material: 45 Pappkarten (5 x 5 Zentimeter), Filzstifte
Herstellung: Zusammengesetzte Winterwörter wie Schneeglöckchen, Schneehuhn, Eisscholle, Skibrille, Handschuh oder Vogelhaus überlegen. Auf eine Karte den gesamten Begriff und auf zwei weitere Karten je einen Teil des Wortes malen. Insgesamt 15 Triminos herstellen.
Spieler/innen: 1 bis 3
Spielverlauf: Alle Karten liegen mit der Bildseite nach unten. Nacheinander darf jeder Spieler drei Karten umdrehen. Passen zwei oder gar alle drei Karten zusammen, lässt er sie offen nebeneinander liegen. Der nächste Spieler vervollständigt das Trimino mit der dritten Karte oder sucht die Karten für die nächste Wortreihe. Das Spiel endet, wenn alle Triminos in der richtigen Reihenfolge liegen.

Eislaterne

Material: Jogurtbecher, Teelicht, wasserlösliche Farbe, Nagel
Herstellung: Einen großen Jogurtbecher mit Wasser füllen. Draußen oder im Eisfach gefrieren lassen. Das Eis wächst immer von außen nach innen und von oben nach unten, das Wasser in der Mitte und am Boden gefriert zuletzt. Daher nach ein paar Stunden den Hohlraum in der Mitte des Gefäßes prüfen und das verbliebene Wasser abgießen. Um die Eisform zu lösen, den Behälter kurz in heißes Wasser tauchen, das restliche Wasser abgießen. In die Mitte der Eislaterne ein Teelicht setzen.

Eiszapfenfabrik

Material: längliche Luftballons, Wasserfarbe, Bindfaden

Herstellung: Mit Wasserfarben gefärbtes Wasser in die Ballons füllen. Ballons zuknoten und bei Minustemperaturen im Freien aufhängen. Trotz eisiger Kälte dauert es ein paar Stunden bis das Wasser in den Ballons gefroren ist. Dann die Ballons aufschneiden und entfernen.

Pappschneelicht

Material: Pappschnee, Teelicht

Herstellung: Aus pappigem Schnee rechteckige Bausteine formen. In Form einer Pyramide aufschichten – den Innenraum und den Eingang frei lassen. Die einzelnen Bauteile gut mit Schnee verkleben. Ein Teelicht hineinstellen.

Schneearten vergleichen

Neuschnee ist frisch gefallener Schnee. Die Eiskristalle sind fein verzweigt und haben spitze Zacken.

Altschnee liegt bereits mindestens drei Tage. Durch Temperatur und Druck sind die Kristalle nur wenig verästelt und leicht abgerundet.

Harsch ist Altschnee, der durch Schmelzen und Gefrieren an der Oberfläche eine feste, gefrorene Schicht ausgebildet hat, während der Schnee darunter pulverartig bleibt.

Firn ist mindestens ein Jahr alt. Die feinen Eiskristalle sind durch wiederkehrendes Auftauen und Gefrieren zu größeren Eisbrocken verschmolzen. Aus dem Firnschnee können im Laufe der Zeit Gletscher entstehen.

Pulverschnee ist trockener Schnee, der auch unter Druck nicht zusammenklebt.

Pappschnee klebt unter Druck zusammen. Er eignet sich daher gut für Schneebälle und Schneemänner.

Sulzschnee ist sehr schwer und nass. Er klebt zusammen. Wird das Wasser herausgepresst, entstehen feste Schneebälle.

Schneematsch ist ein Gemisch aus Wasser und größeren Schneebrocken, die nicht mehr gut zusammenhalten.

Schneeregen ist Gemisch aus Schnee und Regen.

5.6 Im Palast der Eiskönigin

Teilnehmer: 20 bis 25
Alter: ab 4 Jahre
Spielleitung: 1 Spielleiterin, 6 bis 8 Helfer
Spielzeit: Vormittag in der KiTa
Spielort: Räume der Einrichtung, im Freien
Material: siehe Aktionen
Spielfestablauf: Der Palast der Eiskönigin ist eigentlich eine Palastwerkstatt. Hier werden viele nützliche Dinge für den Winter hergestellt. Der Eingang ist mit Tüchern oder Abdeckfolie aus dem Baumarkt, mit Sternen aus Gold- und Silberpapier und mit bunten Lichterketten dekoriert. Jeder Besucher wird von der Eiskönigin (Spielleiterin) begrüßt und zum Mitmachen eingeladen. Die Eiskönigin und ihre Helfer sind an ihren Kronen zu erkennen. Gegen Ende des Vormittags klingelt die Eiskönigin mit einer Glocke und jeder Teilnehmer darf sein Ergebnis im Palastmuseum oder im Palastgarten präsentieren.

Eisprinzessin als Marionette

Material: glattes Aststück (25 Zentimeter), weiße Fingerfarbe, Watte, 1 weißes, dünnes Stofftuch (40 x 40 Zentimeter), hellgraue Wolle, Bindfaden, schwarzer Filzstift, Goldpapier, Sternchenapplikationen, Klebstoff
Herstellung: Den Stab mit Fingerfarbe bestreichen. Trocknen lassen. Das Tuch nehmen. Durch die Stoffmitte einen 15 Zentimeter langen Bindfaden ziehen. Für den Marionettenkopf die Watte zu einer festen, tennisballgroßen Kugel formen und in die Stoffmitte legen. Das Tuch um die Kugel legen und mit einem 10 Zentimeter langen Bindfaden abbinden. Das Fadenende verknoten. Für die Arme zwei gegenüberliegende Stoffecken mit einem 20 Zentimeter langen Faden abbinden. Die drei Fadenenden an den weißen Ast knoten. Mit dem Filzstift ein Gesicht aufzeichnen. Wollhaare aufkleben. Eine kleine Krone aus Goldpapier herstellen und das Kleid mit kleinen Sternen verzieren.

Gemalte Schneegeschichte

Material: weiße Wachsmalstifte, weißes Zeichenpapier, hellblaue Wasserfarbe, Pinsel

Herstellung: Eine selbst ausgedachte Geschichte mit weißem Wachsmalstift auf weißes Papier malen und mit blauer Wasserfarbe überpinseln. Das beinahe unsichtbare Bild wird sichtbar.

Variation: Farbige Stifte für Konturen benutzen.

Papierkristalle

Material: dünnes weißes Papier, Zirkel oder verschieden große Tassen, Bleistift, Schere, Klebestoff

Herstellung: Mithilfe von Tassen oder einem Zirkel verschieden große Kreise aufmalen und ausschneiden. Jeden Kreis in der Mitte falten. Den Halbkreis dreifach falten. Mit der Schere Muster in alle Seiten schneiden. Das filigrane Gebilde vorsichtig aufklappen und an die Fensterscheibe kleben.

Heiße Schneeflocken

Zutaten: 4 Eier, 300 Gramm Puderzucker, Spritztüte

Zubereitung: Die Eier trennen. Das Eiweiß mit dem elektrischen Handrührgerät sehr steif schlagen, dabei nach und nach den Puderzucker einstreuen. Den festen Eischnee in eine Spritztüte füllen und kleine Flöckchen auf ein mit Backpapier ausgelegtes Backblech spritzen. Das Blech in den vorgeheizten Backofen schieben und bei 80 Grad etwa 60 Minuten backen.

Frostige-Liebe-Limo

Zutaten: roter Sirup, Schale für herzförmige Eiswürfel, Trinkhalme

Zubereitung: Die Herzformen mit Sirup füllen. In den Gefrierschrank legen. Die gefrorenen Herzen aus der Form lösen und in ein Trinkglas oder Glaskaraffe geben. Mit Mineralwasser auffüllen und mit dem Trinkhalm umrühren.

Schneeschuhe

Material: ausrangierte Tennis- oder Federballschläger aus Holz mit Bespannung, Nylonkordel, kleine Säge, Sandpapier

Herstellung: Die Griffe an jedem Schlägerpaar gleich lang absägen und glatt schleifen. Durch die Bespannung ein Stück Nylonkordel ziehen und um den Kinderstiefel binden.

Spielvariante: Mit Seilen oder Kegeln einen Hindernisparcours, in der Turnhalle, in einen langen Flur legen oder im Schnee. Das Gehen im Schnee erst mit einem Schneeschuh üben.

Eisburg bauen

Material: verschiedene Gefrierschalen, Plastikförmchen für den Sandkasten, Playmobilfiguren

Herstellung: Wasser in Portionsschalen und Plastikförmchen füllen, im Gefrierschrank oder im Freien gefrieren lassen. Die Gefäße später kurz in heißes Wasser tauchen und das Eis aus den Formen lösen. Aus den gefrorenen Formen eine Eisburg bauen. Am besten draußen arbeiten und ein Tablett als Unterlage verwenden. Die gefrorenen Bausteine mit Wasser befeuchten. Nach kurzer Zeit bildet sich zwischen den Bausteinen eine dünne Eisschicht, die diese zusammenhält. Als Bewohner der Eisburg sind Playmobilfiguren gut geeignet. Je nach vorherrschenden Außentemperaturen wird die Eisburg nach einiger Zeit tauen und allmählich ihr Aussehen verändern.

Variationen: Mit Lebensmittelfarbe gefärbtes Wasser gefrieren. Die Eisformen reliefartig verlegen. Eine Nadel mit der Zange in einer Kerzenflamme erhitzen, mit der heißen Nadelspitze ein Loch in die Form bohren, einen Aufhängefaden durchziehen und draußen aufhängen.

Abschluss

Alle Teilnehmer präsentieren ihre Ergebnisse im Eispalastmuseum oder im Palastgarten.